오늘부터 한 줄 태국어

- 하명호 지음 -

오늘부터
한 줄 태국어

초판인쇄 2025년 05월 01일

지은이 하명호
펴낸이 임승빈
펴낸곳 ECK북스
출판사 등록번호 제 2020-000303호
출판사 등록일자 2000. 2. 15
주소 서울시 마포구 창전로2길 27 [04098]
대표전화 02-733-9950 | **이메일** eck@eckedu.com

제작총괄 염경용
편집책임 정유항, 김하진 | **편집진행** 이승연
디자인 다원기획 | **마케팅** 이서빈 | **영상** 김선관
태국어 검수 및 녹음 Napassorn Kessri | **인쇄** 북토리

ISBN 979-11-6877-349-3
정가 20,000원

ECK교육 | 세상의 모든 언어를 담다
기업출강 · 전화외국어 · 비대면교육 · 온라인강좌 · 교재출판 · 통번역센터 · 평가센터

ECK교육 www.eckedu.com
ECK온라인강좌 www.eckonline.kr
ECK북스 www.eckbook.com

유튜브 www.youtube.com/@eck7687
네이버 블로그 blog.naver.com/eckedu
페이스북 www.facebook.com/ECKedu.main
인스타그램 @eck__official

머리말

한국과 태국은 60년 이상 우호적인 관계를 유지하며 다양한 분야에서 교류를 확대해 왔습니다. 특히 관광, 비즈니스, 문화 교류가 활발해지면서 태국어에 대한 관심이 점점 커지고 있습니다. 한국 기업들의 태국 시장 진출과 태국을 찾는 한국 여행객 증가로 인해 태국어를 이해하고 활용하는 능력은 더욱 중요해졌습니다. 또한, 태국 현지인들과 깊이 있는 관계를 맺고자 한다면 태국어를 익히는 것이 큰 도움이 될 것입니다. 이러한 필요성을 바탕으로, 초보 학습자들도 쉽고 재미있게 태국어를 배울 수 있도록 이 교재를 집필하게 되었습니다.

「오늘부터 한 줄 태국어」는 '재미있고 쉽게 태국어에 입문할 수 있도록 하자'는 목표 아래, 초보자가 부담 없이 학습할 수 있도록 필수 문법을 선별하고 원어 발음에 가까운 한글 표기를 제공하였으며 실생활과 여행에서 유용하게 활용할 수 있는 필수 표현을 중심으로 구성하여 실용성을 높였습니다. 더불어 태국 문화를 이해하는 데 도움이 되는 내용을 함께 수록하여 언어 학습과 문화 이해를 동시에 할 수 있도록 하였습니다.

「오늘부터 한 줄 태국어」를 집필하는 과정에서 많은 분들의 도움이 있었습니다. 우선 이 책의 출판 기회를 주신 ECK교육 임승빈 대표님께 감사 인사를 전하고 싶습니다. 또한, 원고 검토와 조언을 아끼지 않으며 교재의 완성도를 높이는 데 도움을 주신 이승연 실장님과 정유항 팀장님, 김하진 대리님께 감사의 인사를 드립니다. 이 책의 태국어 검수와 녹음을 도와주신 Napassorn Kessri 선생님께도 감사드립니다. 무엇보다도, 이 책을 손에 들고 태국어 학습을 시작할 모든 학습자에게 응원의 마음을 전하며 이 교재가 태국어를 배우는 여정에 좋은 길잡이가 되기를 바랍니다.

저자 **하명호**

이 책의 **구성과 특징**

잠깐! 예비과

본 학습에 들어가기 전 기본적으로 알아야 할 태국어의 알파벳과 발음, 어순 등을 알아봅니다.

무조건 외우자!

태국어의 인칭대명사와 숫자 및 날짜와 요일 등을 알아봅니다. 미리 외워두면 태국어가 더욱 쉬워집니다.

MP3 녹음을 함께 들으며
원어민 발음을 익혀 봅니다.

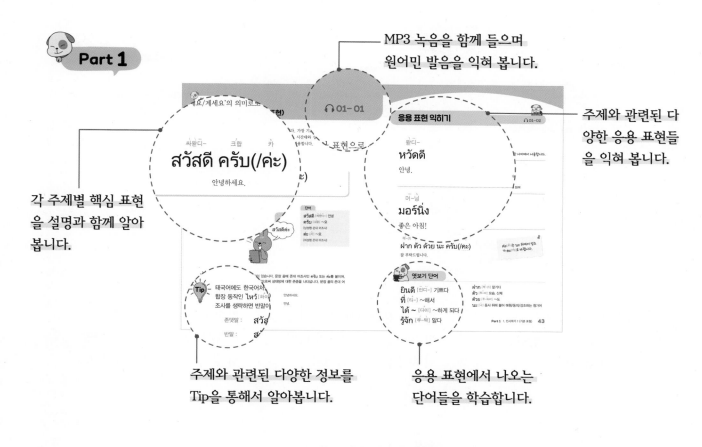

각 주제별 핵심 표현
을 설명과 함께 알아
봅니다.

주제와 관련된 다
양한 응용 표현들
을 익혀 봅니다.

주제와 관련된 다양한 정보를
Tip을 통해서 알아봅니다.

응용 표현에서 나오는
단어들을 학습합니다.

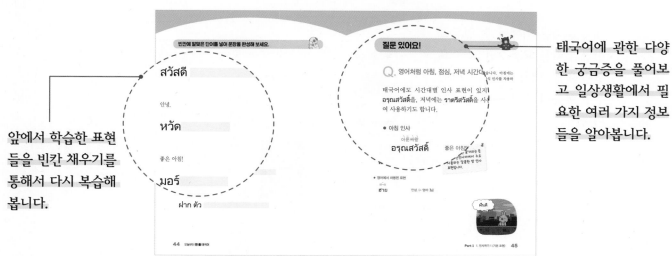

앞에서 학습한 표현
들을 빈칸 채우기를
통해서 다시 복습해
봅니다.

태국어에 관한 다양
한 궁금증을 풀어보
고 일상생활에서 필
요한 여러 가지 정보
들을 알아봅니다.

Part 2

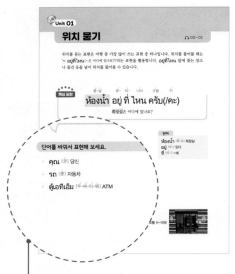

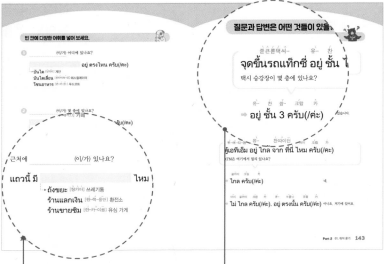

핵심 표현에서 대체 가능한
어휘들을 대입시켜 다양한
표현을 익혀 봅니다.

학습한 문장에서 대체 가능
한 어휘들을 대입시켜 다양
한 표현을 익혀 봅니다.

간단한 회화가 가능하도록
학습한 응용 표현으로 다양
한 응답 표현을 알아봅니다.

태국 문화를 이해할 수 있도록
한국과 다른 교통수단 및 주요
관광지 등 태국 여행 시 알아
두면 유용한 정보 등을 알아봅
니다.

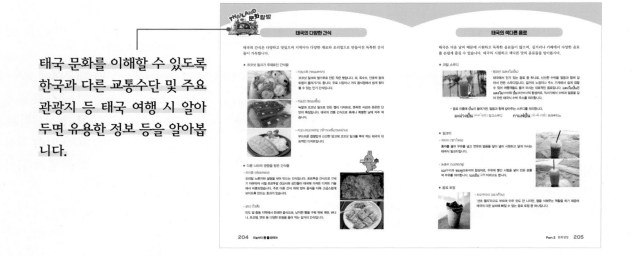

MP3 다운로드 방법

본 교재의 MP3 파일은 www.eckbooks.kr에서 무료로 다운로드 받을 수 있습니다.
QR 코드를 찍으면 다운로드 페이지로 이동합니다.

목 차

– 머리말 · 03

– 이 책의 구성과 특징 · 04

– 잠깐! 예비과 · 10

– 무조건 외우자! · 28

Part 1   필수 표현 익히기

Unit 1.   인사하기 1 (기본 표현) · 42

Unit 2.   인사하기 2 (안부 묻기) · 46

Unit 3.   인사하기 3 (안부 답하기) · 50

Unit 4.   인사하기 4 (헤어질 때) · 54

Unit 5.   자기소개하기 · 58

Unit 6.   감사하기 · 62

Unit 7.   사과하기 · 66

Unit 8.   날씨 표현하기 · 70

Unit 9.   칭찬하기 · 74

Unit 10.   취향 말하기 · 78

Unit 11.   질문하기 · 82

Unit 12.   취미 말하기 · 86

Unit 13.   제안하기 · 90

Unit 14.   약속하기 · 94

Unit 15.   부탁하기 · 98

Unit 16.   긍정 표현하기 · 102

Unit 17.   부정 표현하기 · 106

Unit 18.   감정 표현하기 · 110

Unit 19.   격려/위로하기 · 114

Unit 20.   맞장구치기 · 118

Unit 21.   주의/경고하기 · 122

Unit 22.   시간 묻고 답하기 · 126

Unit 23.   날짜/요일 표현하기 · 130

Unit 24.   명절/기념일 축하하기 · 134

Unit 1. **위치 묻기** · 140

Unit 2. **길 묻기** · 144

THAILAND 문화탐방 · 148

· 길 안내 표현
· 태국의 거리명

Unit 3. **SIM Card 구매하기** · 150

Unit 4. **택시 타기** · 154

Unit 5. **대중교통 이용하기** · 158

Unit 6. **렌터카/전동기 이용하기** · 162

THAILAND 문화탐방 · 166

· 태국의 지상철과 지하철
· 태국의 교통수단

Unit 7. **호텔 체크인/아웃 하기** · 168

Unit 8. **호텔 이용하기** · 172

THAILAND 문화탐방 · 176

· 태국의 숙박 시설

Unit 9. **음식점 1 (예약하기)** · 178

Unit 10. **음식점 2 (주문하기)** · 182

Unit 11. **음식점 3 (요청하기)** · 186

Unit 12. **음식점 4 (계산하기)** · 190

THAILAND 문화탐방 · 194

· 태국의 다양한 음식
· 태국의 결제 문화

Unit 13. **편의점 이용하기** · 196

Unit 14. **패스트푸드점/카페 이용하기** · 200

THAILAND 문화탐방 · 204

· 태국의 다양한 간식
· 태국의 색다른 음료

Unit 15. **쇼핑하기 1** · 206

Unit 16. **쇼핑하기 2** · 210

Unit 17. **교환/환불하기** · 214

THAILAND 문화탐방 · 218

· 색깔 익히기
· 태국의 제철 과일

Unit 18. **마사지 받기** • 220

Unit 19. **관광하기** • 224

Unit 20. **관광 시 주의사항** • 228

THAILAND 문화탐방 • 232

• 태국의 관광지

Unit 21. **병원/약국 이용하기** • 234

Unit 22. **위급상황 표현하기** • 238

THAILAND 문화탐방 • 242

• 신체 어휘
• 태국의 비상 연락처

Unit 23. **공항 1 (체크인)** • 244

Unit 24. **공항 2 (기내에서)** • 248

ทำได้!

1. 알파벳

2. 발음

3. 음절과 받침

4. 모음의 생략과 변형

5. 성조

6. 기본 어순

7. 태국어의 특징

잠깐!
예비과

① 알파벳

태국 문자는 **อักษรไทย**[악썬-타이]라고 부르며, 자음 42개(사용하지 않는 2개 자음 제외)와 모음 32개로 이루어져 있습니다.

■ 자음

🎧 00-01

자음의 이름은 발음과 대표 단어를 결합해서 만듭니다. 예를 들어, **ก**의 이름은 '꺼- 까이'입니다. **ก**는 [ㄲ] 발음을 가지며, 대표 단어인 **ไก่**[까이](닭)가 붙어 [꺼- 까이]라고 부릅니다. 태국어 자음의 개수가 많은 이유는 같은 발음을 가진 자음이 여러 개가 있기 때문입니다.

알파벳	명칭	알파벳	명칭
ก	꺼- 까이	ฑ	터- 통
ข	커- 카이	ณ	너- 누-
ค	커- 콰-이	บ	버- 바이마이
ฆ	커- 라캉	ป	뻐- 쁘라-
ง	응어- 응우-	ผ	퍼- 픙
จ	쩌- 짠-	ฝ	퍼-(f) 파-(f)
ฉ	처- 칭	พ	퍼- 판-
ช	처- 창-	ฟ	퍼-(f) 판(f)
ซ	써- 쏘-	ภ	퍼- 쌈파오

ฌ	처– 츠ㅓ–	ม	머– 마–
ญ	여– 잉	ย	여– 약
ฎ	더– 차다–	ร	러– 르–아
ฏ	떠– 빠딱	ล	러– 링
ฐ	터– 탄–	ว	워– 왠–
ฑ	터– 몬토–	ศ	써– 싸–라
ฒ	터– 푸–타오	ษ	써– 르–씨–
ณ	너– 넨–	ส	써– 쓰–아
ด	더– 덱	ห	허– 힙–
ต	떠– 따오	ฬ	러– 쭈라–
ถ	터– 퉁	อ	어– 앙–
ท	터– 타한–	ฮ	허– 녹훅–

■ 모음

모음은 길게 발음하는 '장모음'과 짧게 발음하는 '단모음'이 있으며, 자음을 기준으로 왼쪽, 오른쪽, 위, 아래 등 다양한 위치에 올 수 있습니다.

 본 교재는 모음의 정확한 발음을 위해, 장모음과 단모음을 구분하여 표기했습니다. 장모음(−)과 단모음의 장단에 유의하며 읽어 보세요.

알파벳	발음	알파벳	발음
◌ะ	아	◌า	아−
◌ิ	이	◌ี	이−
◌ึ	으	◌ือ	으−
◌ุ	우	◌ู	우−
เ◌ะ	에	เ◌	에−
แ◌ะ	애	แ◌	애−
โ◌ะ	오	โ◌	오−
เ◌าะ	어	◌อ	어−
เ◌อะ	으어	เ◌อ	으ㅓ−
เ◌ียะ	이아	เ◌ีย	이−아
เ◌ือะ	으아	เ◌ือ	으−아

◌ัวะ	우아	◌ัว	우-아
◌ำ	암	ใ◌	아이
ไ◌	아이	เ◌า	아오
ฤ	르, 리, 르ㅓ	ฤา	르-
ฦ	르	ฦา	르-

② 발음

태국어의 자음은 '중자음, 고자음, 저자음'으로 나뉘고, 저자음은 다시 '홀음 저자음'과 '짝음 저자음'으로 구분됩니다. 각 자음의 첫 번째 예시 단어는 그 자음의 대표 단어입니다.

• 홀음 저자음 : 다른 자음과 발음이 겹치지 않는 저자음들입니다.
• 짝음 저자음 : 고자음과 같은 음가를 가졌지만, 분류상 저자음으로 분류된 자음들입니다.

본 교재는 한글 발음과 성조가 함께 표기되어 있습니다.

평성	1성	2성	3성	4성
ㅡ	\	∧	/	∨

알파벳		발음
ก	ㄲ	한국어의 [ㄲ] 발음과 유사합니다. ไก่ [까이] 닭　　　　　กะ [까] ~와
จ	ㅉ	한국어의 [ㅉ] 발음과 유사합니다. จาน [짠-] 접시　　　　ใจ [짜이] 마음
ฎ	ㄷ	한국어의 [ㄷ] 발음과 유사합니다. ชฎา [차다-] 무용관 (태국 전통 무용에서 사용되는 왕관 형태의 장식)
ฏ	ㄸ	한국어의 [ㄸ] 발음과 유사합니다. ปฏัก [빠딱] 장대
ด	ㄷ	한국어의 [ㄷ] 발음과 유사합니다. เด็ก [덱] 아이　　　　ดี [디-] 좋다
ต	ㄸ	한국어의 [ㄸ] 발음과 유사합니다. เต่า [따오] 거북이　　　โต๊ะ [또] 테이블
บ	ㅂ	한국어의 [ㅂ] 발음과 유사합니다. ใบไม้ [바이마이] 나뭇잎　　บ่า [바-] 어깨
ป	ㅃ	한국어의 [ㅃ] 발음과 유사합니다. ปลา [쁘라-] 물고기　　　ไป [빠이] 가다
อ	ㅇ	한국어의 [ㅇ] 발음과 유사합니다. อ่าง [앙-] 대야, 욕조　　อาย [아-이] 부끄럽다

■ 고자음 (10개)

알파벳		발음
ข	ㅋ	한국어의 [ㅋ] 발음과 유사합니다. ไข่ [카이] 알 ขา [카–] 다리
ฉ	ㅊ	한국어의 [ㅊ] 발음과 유사합니다. ฉิ่ง [칭] 작은 징 ฉัน [찬] 나
ฐ	ㅌ	한국어의 [ㅌ] 발음과 유사합니다. ฐาน [탄–] 근간, 기반, 받침대
ถ	ㅌ	한국어의 [ㅌ] 발음과 유사합니다. ถุง [퉁] 봉투 ถือ [트–] 들다
ผ	ㅍ	한국어의 [ㅍ] 발음과 유사합니다. ผึ้ง [픙] 벌 ผ้า [파–] 천 (옷감)
ฝ	f	영어의 [f] 발음과 유사합니다. * 본문 표기 : ㅍ(f) ฝา [파–(f)] 뚜껑 ไฝ [파이(f)] (피부의) 점
ศ	ㅆ	한국어의 [ㅆ] 발음과 유사합니다. ศาลา [싸–라–] 정자 (亭子)
ษ	ㅆ	한국어의 [ㅆ] 발음과 유사합니다. ฤาษี [르–씨–] 수도자
ส	ㅆ	한국어의 [ㅆ] 발음과 유사합니다. เสือ [쓰–아] 호랑이 สี [씨–] 색깔
ห	ㅎ	한국어의 [ㅎ] 발음과 유사합니다. หีบ [힙–] 상자, 궤 หา [하–] 찾다

알파벳		발음
น	ㄴ	한국어의 [ㄴ] 발음과 유사합니다. **หนู** [누˅-] 쥐　　　　　　　　**ใน** [나이] 안, ~에
ณ	ㄴ	한국어의 [ㄴ] 발음과 유사합니다. **เณร** [녠-] 수련승
ม	ㅁ	한국어의 [ㅁ] 발음과 유사합니다. **ม้า** [마-] 말　　　　　　　　**มี** [미-] 가지고 있다
ง	ng	영어의 [ng] 발음과 유사합니다. * 콧소리가 많이 나는 'ㅇ' 소리입니다. **งู** [응우-] 뱀　　　　　　　**เงาะ** [응어] 람부탄
ร	r	영어의 [r] 발음과 유사합니다. * 혀를 떨면서 내는 소리입니다. **เรือ** [르-아] 배 (선박)　　　　**แรง** [랭-] 세다
ล	l	영어의 [l] 발음과 유사합니다. * 앞 음절에 받침이 없는 경우, 마치 'ㄹ' 받침이 있는 것처럼 발음됩니다. **ลิง** [링] 원숭이　　　　　**เวลา** [웨-(ㄹ)라-] 시간 　　　　　　　　　　　　📞이하 (ㄹ) 생략
ฬ	l	영어의 [l] 발음과 유사합니다. * 앞 음절에 받침이 없는 경우, 마치 'ㄹ' 받침이 있는 것처럼 발음됩니다. **จุฬา** [쭈(ㄹ)라-] 연 　　📞이하 (ㄹ) 생략
ย	y	영어의 [y] 발음과 유사합니다. **ยักษ์** [약] 도깨비　　　　　**ยาก** [약-] 어렵다
ญ	y	영어의 [y] 발음과 유사합니다. **หญิง** [잉˅] 여자
ว	w	영어의 [w] 발음과 유사합니다. **แหวน** [왠-] 반지　　　　　**ว่า** [와-] ~라고 말하다

■ 짝음 저자음 (13개)

알파벳		발음
ค	ㅋ	한국어의 [ㅋ] 발음과 유사합니다. ควาย [콰-이] 물소 คือ [크-] ~이다
ฅ	ㅋ	한국어의 [ㅋ] 발음과 유사합니다. ระฆัง [라캉] 종
ช	ㅊ	한국어의 [ㅊ] 발음과 유사합니다. ช้าง [창-] 코끼리 ชา [차-] 차 (Tea)
ฌ	ㅊ	한국어의 [ㅊ] 발음과 유사합니다. เฌอ [츠ㅓ-] 나무
ซ	ㅆ	한국어의 [ㅆ] 발음과 유사합니다. โซ่ [쏘-] 쇠사슬 ซน [쏜] 개구쟁이다
ท	ㅌ	한국어의 [ㅌ] 발음과 유사합니다. ทหาร [타한-] 군인 ทาน [탄-] 드시다 ('먹다'의 존댓말)
ฑ	ㅌ	한국어의 [ㅌ] 발음과 유사합니다. มณโฑ [몬토-] 몬토 (여자 이름)
ฒ	ㅌ	한국어의 [ㅌ] 발음과 유사합니다. ผู้เฒ่า [푸-타오] 노인
ธ	ㅌ	한국어의 [ㅌ] 발음과 유사합니다. ธง [통] 깃발
พ	ㅍ	한국어의 [ㅍ] 발음과 유사합니다. พาน [판-] (다리가 달린) 쟁반 พี่ [피-] 손윗사람
ภ	ㅍ	한국어의 [ㅍ] 발음과 유사합니다. สำเภา [쌈파오] 범선

ฟ	f	영어의 [f] 발음과 유사합니다. * 본문 표기 : ㅍ(f)
		ฟัน [판(f)] 이빨, 치아 **ไฟ** [파이(f)] 불
ฮ	ㅎ	한국어의 [ㅎ] 발음과 유사합니다. **นกฮูก** [녹훅-] 부엉이

〈같은 발음을 가진 자음〉

발음	자음	발음	자음
ㄲ	ก	f	ฝ / ฟ
ㅋ	ข / ค ฅ	ㄴ	น ณ
ㅆ	ศ ษ ส / ซ	ㅁ	ม
ㅉ	จ	ng	ง
ㅊ	ฉ / ช ฌ	r	ร
ㄷ	ฎ ด	l	ล ฬ
ㄸ	ฏ ต	y	ย ญ
ㅌ	ฐ ถ / ท ธ ฑ ฒ ธ	w	ว
ㅂ	บ	o	อ
ㅃ	ป	ㅎ	ห / ฮ
ㅍ	ผ / พ ภ		

↳ * 고자음 / 저자음

③ 음절과 받침

■ 음절

태국어 음절은 C(C)V(V)C 형태로 구성되며 C는 '자음', V는 '모음'을 의미합니다. 가장 기본적인 형태는 자음과 모음의 결합이며, 모음만으로는 음절이 성립하지 않습니다. 음절 구성의 최대 요건이 갖춰진 음절은 초성이 복합자음이고 장모음에 종성 받침까지 있는 형태입니다. 예 **เปลี่ยน** [쁘리-안] 바꾸다

(1) CV : 자음 + 단모음

> **จะ** [짜] : ～할 것이다 (미래를 나타내는 조동사)

↘ C(자음) : **จ** [ㅉ]   V(단모음) : **ะ** [ㅏ]

(2) CVVC : 자음 + 장모음 + 종성 자음

> **บ้าน** [반-] : 집

↘ C(자음) : **บ** [ㅂ]   VV(장모음) : **า** [아-]   C(종성 자음) : **น** [ㄴ]

(3) CCVVC : 초성 자음 2개 + 장모음 + 종성 자음

> **ขวาง** [쾅-] : 막다, 방해하다

↘ CC(초성 자음 2개) : **ข** [ㅋ] **ว** [w]   VV(장모음) : **า** [아-]   C(종성 자음) : **ง** [ng]

■ 받침

순수 태국어에서 받침으로 사용되는 자음은 8개 소리로 한정되어 있습니다.

발음	받침 글자	예시
ㅂ	บ ป พ ฟ ภ	รูป ^[룹-] 사진
ㄷ	จ ฉ ช ซ ฌ ญ ฏ ฐ ฑ ฒ ด ต ถ ท ธ ศ ษ ส	โทษ ^[톧-] 벌, 죄
ㄱ	ก ข ค ฆ	ปาก ^[빡-] 입
ㄴ	น ณ ญ ร ล ฬ	คุณ ^[쿤] 당신
ㅁ	ม	จาม ^[짬-] 재채기하다
ㅇ	ง	ลุง ^[룽] 아버지의 형, 어머니의 오빠
y [이]	ย	คุย ^[쿠이] 대화하다
w [우]	ว	เอว ^[에-우] 허리

※ 주의사항

(1) 태국어에는 'ㄹ' 받침이 없습니다.

　ร, ล, ฬ가 받침에 위치할 때는 [ㄴ]으로 발음합니다.

(2) ญ는 초성에서 [y]로 발음되지만, 받침에 위치할 때는 [ㄴ]으로 발음합니다.

(3) 자음 중, 위의 표에서 언급하지 않은 ผ, ฝ, ห, อ 등은 종자음으로 사용되지 않습니다.

④ 모음의 생략과 변형

(1) 단모음 โ◌ะ는 받침이 오면 생략됩니다. 단어에 모음이 보이지 않으면, 단모음 โ◌ะ가 생략되었음을 추측할 수 있습니다.

ค + โ◌ะ + น = คน [콘] 사람

(2) 단모음 ◌ะ는 받침이 오면, ◌ั로 형태가 바뀝니다.

ก + ะ + น = กัน [깐] 함께, 서로

(3) ◌ะ가 붙은 모음(เ◌ะ, แ◌ะ, เ◌าะ)에 받침이 오면, 장모음 형태에서 단모음 부호 ◌็가 위에 표시됩니다. 따라서 ◌็가 있으면 짧게 발음합니다.

ด + เ◌ะ + ก = เด็ก [덱] 아이

(4) 장모음 เ◌อ에 받침이 오면 เ◌ิ로 바뀌며, 받침이 ย일 경우에는 เ◌ย로 바뀝니다.

ก + เ◌อ + น = เกิน [끄ㅓㄴ-] 지나치다

ล + เ◌อ + ย = เลย [르ㅓ-이] 그래서

(5) 장모음 ◌ัว에 받침이 오면, ◌ว만 씁니다.

ร + ◌ัว + ย = รวย [루-아이] 부유하다

(6) 모음 ◌ือ는 받침이 올 때 뒤에 อ을 빼고 바로 받침을 씁니다.

พ + ◌ือ + ช = พืช [픈-] 식물

⑤ 성조

태국어에는 5가지 성조가 있습니다.

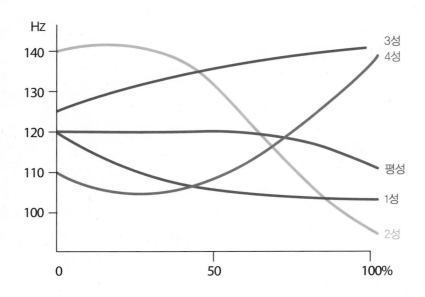

(1) 평성 : 120Hz 정도에서 시작하여 유지하다가 끝에 살짝 떨어집니다. 평소 톤보다 조금 높게 시작해서 평평하게 유지합니다.

(2) 1성 : 120Hz 정도에서 시작하여 100Hz까지 서서히 떨어집니다. 낮게 시작해서 더 낮게 내려가는 것이 포인트입니다.

(3) 2성 : 140Hz 정도에서 시작하여 살짝 올렸다가 100Hz 이하로 급격하게 떨어집니다. 높이 시작하여 더 높게 올라갔다가 내려가는 것이 포인트입니다.

(4) 3성 : 125Hz 정도에서 시작하여 135~140Hz까지 서서히 올라갑니다. 높이 시작하여 점점 더 높게 올라가는 것이 포인트입니다.

(5) 4성 : 110Hz 정도에서 시작하여 살짝 떨어졌다 140Hz까지 급격히 올라갑니다. 낮게 시작하여 살짝 더 떨어졌다가 올라가는 것이 포인트입니다.

〈성조 발음 익히기〉　　🎧 00-07

평성	1성	2성	3성	4성
อา [아—]	อ่า [아—]	อ้า [아—]	อ๊า [아—]	อ๋า [아—]

6 기본 어순

태국어는 비교적 간단한 구조를 가지고 있지만, 한국어와 어순이 달라 어렵게 느껴질 수 있습니다. 태국어에서는 주어(S)와 동사(V)가 항상 중요한 역할을 하며, 그 뒤에 목적어(O)나 수식어가 옵니다. 기본 어순 SV와 SVO를 알아봅시다.

(1) 주어–동사 : SV

태국어에서는 목적어 없이 동사 또는 형용사(상태동사)만으로도 문장을 만들 수 있습니다.

> **เขา นอน** [카오 넌–] 그는 잔다.
>
> ↘ **เขา** [카오] 그/그녀 (주어)   **นอน** [넌–] 자다 (동사)

> **เธอ สวย** [트ㅓ– 쑤–아이] 그녀는 예쁘다.
>
> ↘ **เธอ** [트ㅓ–] 그녀 (주어)   **สวย** [쑤–아이] 예쁘다 (형용사:상태동사)

(2) 주어–동사–목적어 : SVO

기본적으로 태국어 문장은 '주어(S) – 동사(V) – 목적어(O)'의 순서를 따릅니다.

> **ฉันกินข้าว** [찬 낀 카–우] 나는 밥을 먹는다.
>
> ↘ **ฉัน** [찬] 나 (주어)   **กิน** [낀] 먹다 (동사)   **ข้าว** [카–우] 밥 (목적어)

7 태국어의 특징

(1) 태국어는 고립어입니다.

태국어는 단어의 형태가 변하지 않습니다. 동사나 명사의 형태가 변하지 않기 때문에 시제, 성, 수, 격 등 문법적 관계는 어순이나 조동사에 의해 표현됩니다.

낀　카우

กิน ข้าว 밥을 먹는다.

짜　낀　카우

จะ กิน ข้าว 밥을 먹을 것이다.

낀　카우　마이

กิน ข้าว ไหม 밥 먹을래?

(2) 태국어에서는 수식어가 피수식어 뒤에 옵니다.

* 수식어 : 꾸며주는 말　　　피수식어 : 꾸밈을 받는 말

콘　　쑤-아이　　　　　콘쑤-아이

คน 사람 **+ สวย** 예쁘다 **= คนสวย** 예쁜 사람

(3) 태국어에는 띄어쓰기가 없습니다.

태국어는 문장이 끝날 때와 특수한 경우(숫자 양옆과 특수 부호 양옆)를 제외하고는 띄어쓰기를 하지 않습니다.

> 본 교재는 태국어에 익숙하지 않은 학습자들을 위해, 어휘를 쉽게 구분할 수 있도록 단어 간 띄어쓰기를 반영했습니다.

인디-티-다이루-짝크랍(/카)

ยินดีที่ได้รู้จักครับ(/ค่ะ) ➡

인디- 티- 다이 루-짝 크랍 카

ยินดี ที่ ได้ รู้จัก ครับ(/ค่ะ)

만나서 반갑습니다.

⑷ 태국어에는 문장 부호가 없습니다.

태국어는 문장 부호를 사용하지 않는 것이 원칙이지만, 최근에는 물음표와 느낌표도 일부 사용되고 있습니다.

 Tip 본 교재는 문장을 쉽게 구분할 수 있도록 쉼표(,)와 마침표(.)를 반영했습니다.

마이　끌라이　크랍　카　　유-　뜨롱난　크랍　카

ไม่ ไกล ครับ(/ค่ะ). อยู่ ตรงนั้น ครับ(/ค่ะ)　아니요. 저기에 있어요.
↳ 마침표

⑸ 대우법이 발달되어 있습니다.

태국에서는 사회적 지위나 신분에 따라 어법을 달리하는 대우법이 발달해 있습니다. 대우법은 명사, 대명사, 일부 동사, 어조사 등을 통해 표현됩니다. 특히 불교 관련 용어와 왕실 용어에서도 대우법의 예를 찾아볼 수 있습니다.

먹다

กิน [낀]	비격식체
รับประทาน [랍쁘라탄-]	격식체
ฉัน [찬]	불교 용어로 스님에게 사용
เสวย [싸워-이]	왕실 용어

ทำได้!

1. 인칭대명사

2. 어조사 ครับ/ค่ะ

3. 지시사

4. 숫자

5. 시간

6. 달, 월

7. 요일

8. 의문사

무조건
외우자!

1 인칭대명사

태국어는 대우법이 발달되어 있어 말하는 사람과 듣는 사람의 관계에 따라 호칭어를 잘 선택해야 합니다.

주의 성별에 따라 어휘가 달라지므로 주의하세요.

구분		일반 표현	공손한 표현
1인칭	남	**ฉัน** [찬] 나	**ผม** [폼] 저
	여		**ดิฉัน** [디찬] 저
	복수형	**เรา** [라오] 우리	
2인칭	공통	**เธอ** [트ㅓ-] 너	**คุณ** [쿤] 당신
3인칭	여	**เธอ** [트ㅓ-] 그녀	**ท่าน** [탄-] 그분
	공통	**เขา** [카오] 그. 그녀	

(1) 격식 있는 상황에서 사용하는 1인칭대명사는 말하는 이의 성별에 따라 달라집니다. 남성은 **ผม**, 여성은 **ดิฉัน**을 사용합니다.

(2) **เธอ**는 '너'와 '그녀'라는 뜻으로 사용될 수 있으며, 맥락에 따라 의미가 달라집니다.

(3) **เขา**는 지칭하는 대상의 성별에 상관없이 사용할 수 있으며, '그'와 '그녀' 2가지 뜻을 모두 가집니다.

(4) **เรา**는 '우리'라는 1인칭 복수형입니다.

2 어조사 ครับ / ค่ะ

공손함을 나타내는 존대 어조사에는 **ครับ**[크랍]과 **ค่ะ**[카]가 있습니다. 말하는 이의 성별에 따라 남성은 **ครับ**을, 여성은 **ค่ะ**를 사용합니다. 다만, 여성의 경우 누군가를 부를 때나 의문문에서는 **คะ**[카]를, 평서문에서는 **ค่ะ**[카]를 사용합니다. **ค่ะ**의 경우, 일상생활에서는 1성으로 발음하기도 합니다.

싸바-이디- 마이 크랍 카
สบายดี ไหม ครับ(/คะ)   잘 지내셨나요?
↳ 의문문일 때

싸바-이디- 크랍
➡ 남성일 때 : **สบายดี ครับ**   잘 지냈습니다.

싸바-이디- 카
여성일 때 : **สบายดี ค่ะ**
↳ 평서문일 때

1인칭대명사와 어조사 모두 말하는 사람의 성별에 따라 달라지므로 주의하세요.

폼 츠- 쏨차-이 크랍
남성일 때 : **ผม ชื่อ สมชาย ครับ**   제 이름은 쏨차이입니다.

디찬 츠- 플러-이 카
여성일 때 : **ดิฉัน ชื่อ พลอย ค่ะ**   제 이름은 플러입니다.

③ 지시사

지시사에는 '지시대명사'와 '지시형용사'가 있습니다. 지시대명사는 어떤 사물이나 장소를 가리키는 대명사로, 한국어의 '이것, 그것, 저것'에 해당합니다.

지시대명사	
นี่ [니-]	이것
นั่น [난]	그것
โน่น [논-]	저것

นี่
[니-] คือ
[크-] อะไร
[아라이]

이것은 무엇입니까?

นั่น
[난] เป็น
[뻰] ภาษาเกาหลี
[파-싸-까오리-]

그것은 한국어입니다.

โน่น
[논-] คือ
[크-] ภูเขา
[푸-카오]

저것은 산입니다.

지시형용사는 특정 대상을 가리킬 때 사용되며, 명사를 수식하는 형용사의 역할을 합니다. 한국어의 '이, 그, 저'에 해당합니다.

지시형용사	
นี้ [니-]	이
นั้น [난]	그
โน้น [논-]	저

콘 니- 크- 차이욷
คน นี้ คือ ชัยยุต

이 사람은 차이욷입니다.

쓰^아 뚜-아 난 쑤-아이
เสื้อ ตัว นั้น สวย

그 옷은 예쁘다.

헨 반- 랑 논- 마이
เห็น บ้าน หลัง โน้น ไหม

저 집 보여?

장소를 나타내는 지시대명사 '이곳, 그곳, 저곳'은 장소를 의미하는 전치사 **ที่**와 지시대명사의 합성어로 표현할 수 있습니다.

> **ที่ + 지시대명사**

티-니- 쑤^아이
<u>ที่นี่</u> สวย

이곳은 예쁩니다.

티-난 끌라이 막-
<u>ที่นั่น</u> ไกล มาก

그곳은 너무 멉니다.

티-논- 크- 반- 컹- 폼
<u>ที่โน่น</u> คือ บ้าน ของ ผม

저곳은 저의 집입니다.

④ 숫자

태국에서는 아라비아 숫자뿐만 아니라 태국 고유의 문자로 된 숫자도 사용하므로, 태국 숫자와 읽는 방법을 함께 익혀두는 것이 좋습니다. 서수(첫 번째, 두 번째 …)를 나타낼 때는 숫자 앞에 **ที่**를 붙입니다.

숫자	태국 숫자	태국어	서수
1	๑	หนึ่ง [능]	ที่หนึ่ง [티-능]
2	๒	สอง [썽-]	ที่สอง [티-썽-]
3	๓	สาม [쌈-]	ที่สาม [티-쌈-]
4	๔	สี่ [씨-]	ที่สี่ [티-씨-]
5	๕	ห้า [하-]	ที่ห้า [티-하-]
6	๖	หก [혹]	ที่หก [티-혹]
7	๗	เจ็ด [쩰]	ที่เจ็ด [티-쩰]
8	๘	แปด [뺃-]	ที่แปด [티-뺃-]
9	๙	เก้า [까오]	ที่เก้า [티-까오]
10	๑๐	สิบ [씹]	ที่สิบ [티-씹]
11	๑๑	สิบเอ็ด [씹엗]	ที่สิบเอ็ด [티-씹엗]
20	๒๐	ยี่สิบ [이-씹]	ที่ยี่สิบ [티-이-씹]
백	๑๐๐	ร้อย [러-이]	ที่ร้อย [티-러-이]
천	๑๐๐๐	พัน [판]	ที่พัน [티-판]

만	๑๐๐๐๐	หมื่น [믄-]	ที่หมื่น [티-믄-]
십만	๑๐๐๐๐๐	แสน [쌘-]	ที่แสน [티-쌘-]
백만	๑๐๐๐๐๐๐	ล้าน [란-]	ที่ล้าน [티-란-]

주의 ① 10 이상부터 : 일의 자릿수가 1일 때, **หนึ่ง**이 아닌 **เอ็ด**을 사용합니다.
② 20은 **สองสิบ**이 아닌 **ยี่สิบ**이라고 합니다.

폼 미 피-넝- 쌈 콘 크랍
ผม มี พี่น้อง สาม คน ครับ

저는 형제가 3명 있습니다.

씹엗 몽- 이-씹 나-티- 래-우 카
สิบเอ็ด โมง ยี่สิบ นาที แล้ว ค่ะ

11시 20분입니다.

씨- 러-이 받- 크랍
สี่ ร้อย บาท ครับ

400밧입니다.

⑤ 시간

태국어는 시간대별로 사용하는 어휘가 달라집니다.

띠- **ตี + 숫자**	몽-차오 **숫자 + โมงเช้า**	티-앙(완) **เที่ยง(วัน)**	바-이 **บ่าย + 숫자**
새벽 (1~5시)	아침 (6~11시)	낮 12시, 정오	낮 (1~3시)

몽-옌 **숫자 + โมงเย็น**	툼 **숫자 + ทุ่ม**	티-앙쿤- **เที่ยงคืน**
저녁 (4~6시)	밤 (7~11시)	밤 12시, 자정

* 밤 7~12시에는 다시 숫자 1부터 시작합니다.

　밤 7시 = **1 ทุ่ม**　　　　밤 8시 = **2 ทุ่ม**

● 시간 묻고 답하기

시	분	초	시간
몽- **โมง**	나-티- **นาที**	위나-티- **วินาที**	추-아몽- **ชั่วโมง**

* 30분 = **30 นาที** = 크릉
ครึ่ง

떤-니- 끼- 몽- 크랍 카
ตอนนี้ กี่ โมง ครับ(/คะ)　　　지금 몇 시입니까?

떤-니- 씨- 몽- 씨- 씹 나-티- 크랍 카
ตอนนี้ สี่ โมง สี่ สิบ นาที ครับ(/ค่ะ)　　지금 4시 40분입니다.

차이웨–라– 끼– 추–아몽– 크랍 카

ใช้เวลา กี่ ชั่วโมง ครับ(/คะ)

몇 시간이 걸리나요?

차이웨–라– 쌈– 추–아몽– 크랍 카

ใช้เวลา ๓ ชั่วโมง ครับ(/ค่ะ)

3시간 걸립니다.

6 달, 월

เดือน[드–안]은 '월'이라는 뜻으로 월 앞에 붙여서 말합니다.

1월	มกราคม [마까라–콤]	7월	กรกฎาคม [까라까다–콤]
2월	กุมภาพันธ์ [꿈파–판]	8월	สิงหาคม [씽하–콤]
3월	มีนาคม [미–나–콤]	9월	กันยายน [깐야–욘]
4월	เมษายน [메–싸–욘]	10월	ตุลาคม [뚜라–콤]
5월	พฤษภาคม [프룻싸파–콤]	11월	พฤศจิกายน [프룻싸찌까–욘]
6월	มิถุนายน [미투나–욘]	12월	ธันวาคม [탄와–콤]

* 30일로 끝나는 달은 ยน으로 끝나고, 31일로 끝나는 달은 คม으로 끝납니다.

드–안 니– 드–안 아라이

เดือน นี้ เดือน อะไร

이번 달은 무슨 달이야?

드–안 니– 드–안 미–나–콤

เดือน นี้ เดือน มีนาคม

이번 달은 3월이야.

7 요일

월요일	วันจันทร์ [완짠]	금요일	วันศุกร์ [완쑥]
화요일	วันอังคาร [완앙칸-]	토요일	วันเสาร์ [완싸오]
수요일	วันพุธ [완푿]	일요일	วันอาทิตย์ [완아-틷]
목요일	วันพฤหัส(บดี) [완파르핫(싸버-디-)]	주말	สุดสัปดาห์ [쑫쌉다-]

* 목요일 : วันพฤหัสบดี [완파르핫싸버-디-] = วันพฤหัส [완파르핫]

완니- 완아라이 크랍 카
วันนี้ วันอะไร ครับ(/คะ)

오늘은 무슨 요일이에요?

완니- 완짠 크랍 카
วันนี้ วันจันทร์ ครับ(/ค่ะ)

오늘은 월요일이에요.

완니- 완쑥 크랍 카
วันนี้ วันศุกร์ ครับ(/ค่ะ)

오늘은 금요일이에요.

⑧ 의문사

태국어에서는 의문사가 포함된 문장의 경우, **ไหม**[마이]나 **หรือ**[르-]와 같은 의문조사 없이도 의문문을 만들 수 있습니다. 태국어의 의문사는 주어, 목적어, 보어, 형용사, 부사의 역할을 모두 할 수 있으므로 문장 구조에 맞게 적절한 위치에 배치하는 것이 중요합니다. 예를 들어, 주어를 묻고 싶다면 의문사를 주어 자리에, 목적어를 묻고 싶다면 목적어 자리에 두어야 합니다.

อะไร [아라이]	무엇	**เมื่อไร** [므-아라이]	언제
ใคร [크라이]	누구	**ทำไม** [탐마이]	왜
ที่ไหน [티-나이]	어디	**อย่างไร** [양-라이]	어떻게
กี่ [끼-]	몇	**เท่าไร** [타오라이]	얼마

크라이 · 뻰 · 피-차-이 · 컹- · 쿤
ใคร เป็น พี่ชาย ของ คุณ
누가 당신의 형/오빠입니까?

쿤 · 리-안 · 아라이
คุณ เรียน อะไร
당신은 무엇을 공부합니까?

라오 · 쯔ㅓ-깐 · 므-아라이
เรา เจอกัน เมื่อไร
우리 언제 만나?

Unit 1. 인사하기 1 (기본 표현)   Unit 13. 제안하기

Unit 2. 인사하기 2 (안부 묻기)   Unit 14. 약속하기

Unit 3. 인사하기 3 (안부 답하기)   Unit 15. 부탁하기

Unit 4. 인사하기 4 (헤어질 때)   Unit 16. 긍정 표현하기

Unit 5. 자기소개하기   Unit 17. 부정 표현하기

Unit 6. 감사하기   Unit 18. 감정 표현하기

Unit 7. 사과하기   Unit 19. 격려/위로하기

Unit 8. 날씨 표현하기   Unit 20. 맞장구치기

Unit 9. 칭찬하기   Unit 21. 주의/경고하기

Unit 10. 취향 말하기   Unit 22. 시간 묻고 답하기

Unit 11. 질문하기   Unit 23. 날짜/요일 표현하기

Unit 12. 취미 말하기   Unit 24. 명절/기념일 축하하기

필수 표현
익히기

Unit 1

인사하기 1 (기본 표현)

🎧 01- 01

태국의 인사말은 말하는 이의 성별에 따라 달라집니다. 가장 기본적인 인사 표현으로는 남성은 **สวัสดีครับ**, 여자는 **สวัสดีค่ะ**가 있습니다. 시간대와 상관없이 사용할 수 있으며, 헤어질 때 '안녕히 가세요/계세요'의 의미로도 사용합니다.

핵심 표현

싸왇디- 크랍 카

สวัสดี ครับ(/ค่ะ)

안녕하세요.

สวัสดีค่ะ

단어

สวัสดี [싸왇디-] 안녕
ครับ [크랍] ~요
(남성형 존대 어조사)
ค่ะ [카] ~요
(여성형 존대 어조사)

Tip

태국어에도 한국어처럼 존댓말이 있습니다. 문장 끝에 존대 어조사인 **ครับ** 또는 **ค่ะ**를 붙이며, 합장 동작인 **ไหว้** [와이]를 함께 함으로써 상대방에 대한 존중을 나타냅니다. 문장 끝의 존대 어조사를 생략하면 반말이 됩니다.

존댓말 : **สวัสดี ครับ(/ค่ะ)**   안녕하세요.

반말 : **สวัสดี** [싸왇디-]   안녕.

완디–

หวัดดี

안녕.

* สวัสดี를 짧게 줄인 표현으로, 친한 사이에서 사용합니다.

머–닝

มอร์นิ่ง

좋은 아침!

* 영어 차용 : Good morning의 의미

인디– 티– 다이 루–짝 크랍 카

ยินดี ที่ ได้ รู้จัก ครับ(/ค่ะ)

만나서 반갑습니다. (직역: 알게 되어서 기쁩니다.)

팍–(f) 뚜–아 두–아이 나 크랍 카

ฝาก ตัว ด้วย นะ ครับ(/คะ)

잘 부탁드립니다.

ค่ะ[카]는 นะ 뒤에서 성조
가 คะ[카]로 바뀝니다.

엿보기 단어

ยินดี [인디–] 기쁘다
ที่ [티–] ~해서
ได้ ~ [다이] ~하게 되다
รู้จัก [루–짝] 알다

ฝาก [팍–(f)] 맡기다
ตัว [뚜–아] 모습, 신체
ด้วย [두–아이] ~도
นะ [나] 동사 뒤에 붙어 애원/동의/강조하는 첨가어

안녕하세요.

สวัสดี

안녕.

หวัด

좋은 아침!

มอร์

만나서 반갑습니다. (직역: 알게 되어서 기쁩니다.)

ยินดี ที่ ได้

잘 부탁드립니다.

ฝาก ตัว

Q. 영어처럼 아침, 점심, 저녁 시간대별 인사 표현도 있나요?

태국어에도 시간대별 인사 표현이 있지만, 요즘은 많이 사용되지 않습니다. 아침에는 **อรุณสวัสดิ์**을, 저녁에는 **ราตรีสวัสดิ์**을 사용할 수 있습니다. 최근에는 영어식 인사를 차용하여 사용하기도 합니다.

● 아침 인사

아룬싸왇
อรุณสวัสดิ์　　　좋은 아침입니다.

● 저녁 인사

라-뜨리-싸왇
ราตรีสวัสดิ์　　　좋은 저녁입니다.

● 밤 인사

판(f)디-
ฝันดี　　　잘 자.

> ฝันดี는 '좋은 꿈'이라는 뜻으로, 연인사이에서 주로 사용하는 달콤한 밤 인사 표현입니다.

● 영어에서 차용된 표현

하-이
ฮาย　　　안녕. (= 영어: hi)

Unit 2

인사하기 2 (안부 묻기)

🎧 01-03

태국인들은 누군가를 만났을 때, 인사와 함께 간단한 안부를 묻곤 합니다. 안부를 묻는 대표적인 표현은 **สบายดีไหม**입니다. 태국은 존경과 예의를 매우 중요하게 생각하므로 동생 및 친한 사이가 아니라면 문장 끝에 존대 어조사인 **ครับ** 또는 **ค่ะ**를 붙여 존댓말을 사용합니다.

31p. 어조사 참고

핵심 표현

싸바ー이디ー   마이   크랍   카
สบายดี ไหม ครับ(/คะ)

잘 지냈어요?

สบายดี
ไหมครับ

단어

สบายดี [싸바ー이디ー]
안녕하다, 무사하다
ไหม [마이] 의문형 어조사

Tip

● 의문문 만들기

의문문을 만들 때는 평서문 끝에 **ไหม**와 같은 의문형 어조사를 붙입니다.

의문문 : **สบายดี ไหม ครับ(/คะ)**   잘 지냈어요?

싸바ー이디ー   크랍   카
평서문 : **สบายดี ครับ(/ค่ะ)**   잘 지냈어요.

46 오늘부터 **한 줄** 태국어

뺀양-라이방-   크랍   카
เป็นอย่างไรบ้าง ครับ(/คะ)

어떻게 지냈어요?

뺀아라이   크랍   카
เป็นอะไร ครับ(/คะ)

어디 아프세요? / 무슨 일이에요?

> เป็นอะไร는 주로 어떤 사건이나 증상에 대해 물어볼 때 사용합니다.

마이다이 쯔ㅓ- 깐   난-   크랍   카
ไม่ได้ เจอ กัน นาน ครับ(/ค่ะ)

오랜만이에요.

낀   카-우   르-양   크랍   카
กิน ข้าว หรือยัง ครับ(/คะ)

밥 먹었어요?

> หรือยัง은 어떤 일을 했는지, 아니면 아직 하지 않았는지의 완료 여부를 물을 때 사용합니다.

 엿보기 단어

เป็นอย่างไรบ้าง [뺀양-라이방-] 어떠하다, 어때
ไม่ได้ ~ [마이다이] ~지 않았다
เจอ [쯔ㅓ-] 만나다
กัน [깐] 함께, 서로

นาน [난-] 오래다
กิน [낀] 먹다
ข้าว [카-우] 밥
หรือยัง [르-양] 했어? 안 했어?

잘 지냈어요?

ส บายดี

어떻게 지냈어요?

เป็นอย่างไร

어디 아프세요? / 무슨 일이에요?

เป็น

오랜만이에요.

ไม่ได้ เจอ กัน

밥 먹었어요?

กิน ข้าว

질문 있어요!

Q. กินข้าวหรือยัง을 안부 인사 표현로 사용할 수 있나요?

태국 문화에서 식사는 중요한 일상생활 중 하나로, 식사 여부를 묻는 것이 상대방의 안부를 묻는 방법 중 하나로 자리 잡고 있습니다. 단순히 식사를 했는지를 묻는 것이지만 상대방의 건강과 상태를 염려하는 마음이 담겨 있습니다. 한국 인사 표현 중 '식사하셨어요?'와 같은 의미로 이해할 수 있습니다.

● 식사 후

끼ㄴ   카^우   르^-양   크랍   카

A: กิน ข้าว หรือยัง ครับ(/คะ)   밥 먹었어요?

끼ㄴ   카^우   래-우   크랍   카^

B: กิน ข้าว แล้ว ครับ(/ค่ะ)   밥 먹었어요.

● 식사 전

끼ㄴ   카^우   르^-양   크랍   카

A: กิน ข้าว หรือยัง ครับ(/คะ)   밥 먹었어요?

양   마이다^이   끼ㄴ   카^우   크랍   카^

B: ยัง ไม่ได้ กิน ข้าว ครับ(/ค่ะ)   아직 안 먹었어요.

엿보기 단어

~แล้ว [래-우] ~했다   ยัง [양] 아직

인사하기 3 (안부 답하기)

🎧 01-05

간단하게 안부 인사에 답할 때는 길고 복잡한 대답보다는 간결한 대답이 좋습니다.
간단하지만 다양한 안부 답변들을 익혀 보세요.

★★★★★
핵심 표현

싸바ᅳ이디ᅳ   크랍   카
สบายดี ครับ(/ค่ะ)

잘 지내요.

สบายดีครับ

Tip

● 부정문 만들기
평서문을 부정문으로 만들 때는 동사 앞에 **ไม่**를 붙입니다.

평서문 : **กิน** [낀]   먹어.

부정문 : **ไม่ กิน** [마ᅵ 낀]   안 먹어.

르아이르-아이 크랍 카
เรื่อย ๆ ครับ(/ค่ะ)
그럭저럭 지내요.

> 반복 부호(ๆ)는 같은 단어를 두 번 반복하여 읽으라는 뜻입니다. 이때 두 번째 발음에 강세가 들어갑니다.

꺼- 응안응안
ก็ งั้น ๆ
그냥 그래.

> ก็는 '그냥 …'이라는 의미의 심드렁한 느낌을 표현할 때 사용하기도 합니다.

므-안드ㅓ-ㅁ 크랍 카
เหมือนเดิม ครับ(/ค่ะ)
평소랑 비슷해요.

추-앙니- 융 막- 크랍 카
ช่วงนี้ ยุ่ง มาก ครับ(/ค่ะ)
요즘 너무 바빠요.

 엿보기 단어

เรื่อย ๆ [르아이르-아이] 끊임없이, 계속해서

งั้น ๆ [응안응안] 그냥 그렇다

เหมือนเดิม [므-안드ㅓ-ㅁ] 이전과 같다

ช่วงนี้ [추-앙니-] 요즘

ยุ่ง [융] 바쁘다

มาก [막-] 매우

빈칸에 알맞은 단어를 넣어 문장을 완성해 보세요.

잘 지내요.

สบายดี

그럭저럭 지내요.

เรื่อย

그냥 그래.

ก็

평소랑 비슷해요.

เหมือน

요즘 너무 바빠요.

ช่วงนี้ ยุ่ง

질문 있어요!

Q. 주어를 넣어서 말하고 싶으면 어떻게 하나요?

태국어는 문맥에 따라 주어를 생략하는 경우가 많습니다. 특히 일상 대화에서 흔히 생략됩니다. 그러나 말을 명확하게 전달하거나 존댓말을 사용할 때는 성별과 관계에 맞는 적절한 주어를 사용하는 것이 중요합니다. 아직 어색한 사이 또는 나이가 많거나 직급이 높은 사람과 대화할 때는 자신이 남자라면 **ผม**을, 여자라면 **ดิฉัน**을 사용합니다. 30p. 인칭대명사 참고

● 존댓말 : 남자

폼 마이 싸바이 크랍
ผม ไม่ สบาย ครับ   저 아파요.
↳ 주어 : **ผม** ('저'를 의미하는 남성 주어)

● 존댓말 : 여자

디찬 마이 싸바이 카
ดิฉัน ไม่ สบาย ค่ะ   저 아파요.
↳ 주어 : **ดิฉัน** ('저'를 의미하는 여성 주어)

● 반말

반말일 때는 성별에 관계없이 **ฉัน**을 사용하며, 주어를 생략하는 경우가 많습니다.

찬 마이 싸바이
ฉัน ไม่ สบาย   나 아파.

마이 싸바이
ไม่ สบาย   아파.

인사하기 4 (헤어질 때)

🎧 01-07

헤어질 때 하는 가장 기본적인 인사 표현으로 **ไว้เจอกันครับ(/ค่ะ)**가 있습니다. 단어 별로 외우기보다 하나의 표현으로 외우는 것이 좋습니다. 이외에도 헤어질 때 사용할 수 있는 다양한 인사 표현을 익혀보세요.

핵심 표현

와이 쯔ㅓ- 깐 크랍 카

ไว้ เจอ กัน ครับ(/ค่ะ)

다음에 또 만나요.

단어

เจอ [쯔ㅓ-] 만나다
กัน [깐] 함께, 서로

ㅋ- 뚜-아 껀- 크랍 카
ขอ ตัว ก่อน ครับ(/ค่ะ)

먼저 들어가 보겠습니다.

* 하나의 표현으로 외워보세요!

빠-이 껀- 나
ไป ก่อน นะ

먼저 갈게.

> 나를 문장 끝에 붙여주면,
> 부드러운 표현이 됩니다.

바-이바-이
บ๊ายบาย

잘 가.

* 영어의 bye-bye를 음차한 표현입니다.

끌랍 디디- 나
กลับ ดี ๆ นะ

조심히 들어가.

엿보기 단어

ก่อน [껀-] 먼저
ไป [빠-이] 가다

กลับ [끌랍] 돌아가다
ดี [디-] 좋다

다음에 또 만나요.

ไว้ เจอ

먼저 들어가 보겠습니다.

ขอ ตัว

먼저 갈게.

ไป

잘 가.

บ๊าย

조심히 들어가.

กลับ

질문 있어요!

Q. 합장인사를 헤어질 때도 하나요?

태국식 합장인사인 **ไหว้** [와이]는 만날 때나 헤어질 때 모두 사용합니다. 공식적인 자리에서는 상대방에게 존경을 표현하는 중요한 예절로 모두가 합장인사를 하며, 누군가 나에게 합장인사를 했다면 합장인사로 답하는 것이 예의입니다. 그러나 친구 사이에서는 보통 하지 않습니다. 상대방의 지위나 격식에 따라 달라지는 합장인사에 대해 알아봅시다.

● 본인보다 조금 윗사람인 경우 : 일반적인 인사 표현

① 엄지손가락을 턱에, 검지를 코 끝에 위치시킵니다.
② 고개를 살짝 숙입니다.

● 존경하는 대상인 경우 : 선생님, 부모님 등

① 엄지손가락을 코 끝에, 검지를 미간에 닿게 합니다.
② 고개를 숙입니다.

● 상대방이 매우 높은 대상인 경우 : 불상, 스님 등

① 양손을 연꽃 모양(합장)으로 가지런히 모읍니다.
② 엄지손가락이 미간에 오도록 합니다.
③ 고개를 깊이 숙입니다.

● 인사를 받아줄 때

가슴 높이에서 손을 모은 후, 가볍게 고개를 숙입니다.

자기소개하기

🎧 01-09

자신의 이름을 소개할 때는 「**ผม(/ดิฉัน)**+**ชื่อ**+이름+**ครับ(/ค่ะ)** : 제 이름은 ~입니다」 구조를 활용하여 간단하게 표현할 수 있습니다. 이때 **ชื่อ**는 생략 가능합니다. 이외에도 이름, 직업, 국적, 나이 등을 소개하는 표현을 익혀보세요.

★★★★
핵심 표현

폼   츠-   차이윳   크랍

ผม ชื่อ ชัยยุต ครับ

제 이름은 차이윳입니다.

단어를 바꿔서 표현해 보세요.

단어

ชื่อ [츠-] 이름

● 태국에서 인기 있는 이름

남자 이름	여자 이름
ไอซ์ [아이]	**เมย์** [메-]
แบงค์ [뱅-]	**พลอย** [플러-이]
มาย [마-이]	**แนน** [낸-]
นิว [니우]	**ฟ้า** [파-(f)]

Tip **ผมชื่อชัยยุตครับ**처럼, 동사가 없는 문장을 '무동사 문장'이라고 합니다. 무동사 문장은 주로 이름, 나이, 가격 등을 말할 때 사용합니다.

ผม ชื่อ ชัยยุต
대명사   명사   명사

ผม(/ดิฉัน) เป็น คน เกาหลี ครับ(/ค่ะ)

저는 한국 사람이에요.

ผม(/ดิฉัน) เป็น นักศึกษา ครับ(/ค่ะ)

저는 대학생이에요.

ผม(/ดิฉัน) เป็น พนักงาน บริษัท ครับ(/ค่ะ)

저는 회사원이에요.

ผม(/ดิฉัน) อายุ 30(สามสิบ) ปี ครับ(/ค่ะ)

저는 30살이에요.

＊ 나이를 말할 때 : 아유 + 숫자 + 삐

 엿보기 단어

เป็น [삐] ～이다
คน [콘] 사람
เกาหลี [까오리–] 한국
นักศึกษา [낙쏙싸–] 대학생
พนักงาน [파낙응안–] 직원

บริษัท [버–리쌋] 회사
พนักงานบริษัท [파낙응안–버–리쌋] 회사원
อายุ [아–유] 나이
ปี [삐–] 해, 년, 세

빈칸에 알맞은 단어를 넣어 문장을 완성해 보세요.

제 이름은 ○○입니다.

ผม(/ดิฉัน)

↘ 자신의 이름을 넣어 보세요.

저는 한국 사람이에요.

ผม(/ดิฉัน) เป็น คน

저는 대학생이에요.

ผม(/ดิฉัน) เป็น

저는 회사원이에요.

ผม(/ดิฉัน) เป็น พนักงาน

저는 ○○살이에요.

ผม(/ดิฉัน) อายุ

↘ 자신의 나이를 넣어 보세요. 34p. 숫자 참고

질문 있어요!

Q. 태국인의 이름은 긴 경우가 많은데, 일상에서도 긴 이름을 사용하나요?

태국인들은 본명(**ชื่อจริง** [츠–찡])과 별명(**ชื่อเล่น** [츠–렌])을 모두 사용하지만, 편의에 따라 공식적인 자리와 일상생활에서 본명과 별명을 구분하여 사용합니다.

● **본명**

본명은 주로 공식적인 상황에서 사용합니다. 한국인들이 한자를 이용해 이름을 짓는 것처럼 태국에서는 팔리어와 산스크리트어를 사용해 이름을 짓습니다. 현재는 법적으로 이름이 다섯 음절을 넘지 않도록 제한하고 있지만, 한국인이 보기에는 여전히 길게 느껴질 수 있습니다.

츠–찡   츠–   아라이   크랍   카
A: ชื่อจริง ชื่อ อะไร ครับ(/คะ)   본명이 뭐예요?

츠–찡   츠–   크랍   카
B: ชื่อจริง ชื่อ ○○ ครับ(/ค่ะ)   본명은 ○○입니다.

● **별명**

일상생활에서는 주로 별명이 사용됩니다. 가족들은 아이가 태어날 때 동물, 식물, 음식 등의 단어로 별명을 지어 주는 경우가 많으며, 최근에는 영어 별명도 증가하는 추세입니다. 별명은 공식 문서나 업무 환경이 아닌 일상적인 대화에서 주로 사용되며, 가족과 친구뿐만 아니라 직장 동료 사이에서도 널리 쓰여 친근감을 형성하는 역할을 합니다.

츠–렌   츠–   아라이   크랍   카
A: ชื่อเล่น ชื่อ อะไร ครับ(/คะ)   별명이 뭐예요?

츠–렌   츠–   크랍   카
B: ชื่อเล่น ชื่อ ○○ ครับ(/ค่ะ)   별명은 ○○입니다.
   ↳ เล่น은 보통 짧게 발음합니다.

(＊ **อะไร** [아라이] 무엇)

Unit 6

감사하기

🎧 01-11

감사 표현은 일상생활에서 자주 쓰이는 표현 중 하나입니다. 「**ขอบคุณสำหรับ**＋명사＋**ครับ(/ค่ะ)**」 구조를 활용하여 다양한 감사 표현을 익혀보세요.

 핵심 표현

컵-쿤　　　쌈랍　　　컹-콴　　　크랍　카
ขอบคุณ สำหรับ ของขวัญ ครับ(/ค่ะ)

선물에 감사드립니다.

단어를 바꿔서 표현해 보세요.

- **ทุกอย่าง** [툭양-] 모든 것
- **ความช่วยเหลือ** [쾀-추어-아이르어-아] 도움
- **คำอวยพร** [캄우-아이펀-] 축언

단어

ขอบคุณ [컵-쿤] 감사하다
สำหรับ [쌈랍] ~에 대해
(= 영어의 for)
ของขวัญ [컹-콴] 선물

ขอบคุณครับ

응용 표현 익히기

01-12

컵-쿤 막- 크랍 카

ขอบคุณ มาก ครับ(/ค่ะ)

매우 감사합니다.

컵-짜이

ขอบใจ

고마워.

* 비격식체

컵-프라쿤 크랍 카

ขอบพระคุณ ครับ(/ค่ะ)

감사합니다.

* 격식체

컵-쿤 티- 추-아이르-아 크랍 카

ขอบคุณ ที่ ช่วยเหลือ ครับ(/ค่ะ)

도와주셔서 감사합니다.

* 이유는 ที่ 다음에 덧붙여서 표현합니다.

엿보기 단어

ที่ [티-] ~해서 (감정의 원인)

ช่วยเหลือ [추-아이르-아] 돕다

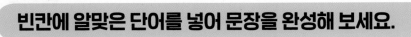

선물에 감사드립니다.

ขอบคุณ สำหรับ

매우 감사합니다.

ขอบคุณ

고마워.

ขอบ

감사합니다.

ขอบพระ

도와주셔서 감사합니다.

ขอบคุณ ที่

Q. 감사 인사에 대한 답변은 어떻게 하나요?

태국에서는 상대방의 감사에 대해 겸손과 친절한 태도로 답변하는 것이 일반적입니다. 한국처럼 '천만에요', '별거 아니에요'와 같은 표현으로 화답하며, 친한 사이일 경우에는 '괜찮아요'라는 답변을 자주 사용합니다.

인디- 크랍 카
ยินดี ครับ(/ค่ะ)　　　　천만에요. (직역: 기쁩니다.)

두-아이 쾀-인디- 크랍 카
ด้วย ความยินดี ครับ(/ค่ะ)　　　　천만에요. (직역: 기쁨으로)

➡ '도움을 줄 수 있어 기쁘다'는 뜻으로, 자신이 도와준 일을 특별하게 느끼지 않고 오히려 기쁘게 생각한다는 마음이 내포되어 있는 겸손한 답변입니다.

싸바-이 막- 크랍 카
สบาย มาก ครับ(/ค่ะ)　　　　별거 아니에요. (직역: 편안하다)

➡ 자신이 한 일이 특별하거나 힘든 일이 아니었음을 의미하는 겸손한 답변입니다.

마이삐-ㄴ라-이 크랍 카
ไม่เป็นไร ครับ(/ค่ะ)　　　　괜찮아요.

사과하기

🎧 01-13

태국은 날씨가 매우 덥고 습하여 불쾌지수가 높기 때문에, 실수로 부딪히거나 몸이 닿 았을 때는 바로 사과하는 것이 좋습니다. 가장 일반적인 사과 표현은 **ขอโทษ**입니다. 뒤에 성별에 맞게 존대 어조사를 붙여 정중한 사과 표현을 만들 수 있습니다.

 핵심 표현

커̌-톧̂-　　크랍　　카̂

ขอโทษ ครับ(/ค่ะ)

죄송합니다.

ขอโทษ
ครับ

단어

ขอโทษ [커̌-톧̂-]
죄송하다, 사과하다

 Tip ● ขอโทษครับ(/ค่ะ)의 다양한 의미

사과의 표현인 '미안합니다, 죄송합니다' 외에도, 길을 묻거나 무언가를 부탁할 때 주의를 끌기 위한 '실례합니다'의 의미로도 사용됩니다. 주로 질문이나 요청 앞에 쓰이며, 부드럽고 정중한 톤 을 만들어 줍니다.

커̌-톧̂-　크랍　카̂　헝̂-남́　유̀　티̂-　나̌이　크랍　카̂
ขอโทษ ครับ(/ค่ะ). ห้องน้ำ อยู่ ที่ ไหน ครับ(/คะ)

실례합니다. 화장실은 어디에 있나요?

ธ์– ที–
โทษที

미안.

＊비격식체

คอ–อาพ̂ัย ครับ ค̂ะ
ขออภัย ครับ(/ค่ะ)

사죄드립니다. (직역: 용서를 구합니다.)

＊격식체

คอ–ธ̂ธ์– 찡찡 ครับ ค̂ะ
ขอโทษ จริง ๆ ครับ(/ค่ะ)

정말 죄송합니다.

คอ–ธ̂ธ์– ที̂– มา– 싸̂이 ครับ ค̂ะ
ขอโทษ ที่ มา สาย ครับ(/ค่ะ)

늦어서 죄송합니다.

＊이유는 ที่ 다음에 덧붙여서 표현합니다.

 **엿보기 단어**

อภัย [아파이] 용서
จริง [찡] 진짜

มา [마–] 오다
สาย [싸̌이] 늦다

죄송합니다.

ขอ

미안.

โทษ

사죄드립니다. (직역: 용서를 구합니다.)

ขอ

정말 죄송합니다.

ขอโทษ

늦어서 죄송합니다.

ขอโทษ ที่ มา

질문 있어요!

Q. 사과 표현에 대한 답변은 어떻게 하나요?

사과에 대한 답변은 상황에 따라 다를 수 있습니다. 화가 나지 않았거나 상황이 심각하지 않다면 상대방의 사과에 '괜찮아요, 너무 신경 쓰지 마세요'처럼 친근하게 답할 수 있습니다. 그러나 상대방이 같은 실수를 반복하지 않도록 주의를 주고 싶다면 조금은 강한 어조로 답변하기도 합니다.

마이뻰라이   크랍   카
ไม่เป็นไร ครับ(/ค่ะ)   괜찮아요.

마이떵-   킫   막-
ไม่ต้อง คิด มาก   너무 깊게 생각하지 마. (직역: 너무 많이 생각하지 마.)

창-만트ㅓ
ช่างมันเถอะ   신경 쓰지 마.

야-   탐   뱁-니-   익-   나
อย่า ทำ แบบนี้ อีก นะ   다신 이러지 마.

날씨 표현하기

🎧 01-15

안부 인사를 나눈 뒤, 특별한 대화 내용이 없을 때 날씨 이야기는 자연스럽고 부담 없이 대화를 이어갈 수 있는 좋은 주제 중 하나입니다. 「**อากาศ ~ ครับ(/ค่ะ)** (날씨가 ~합니다)」 구조를 활용하여 다양한 날씨 표현을 익혀보세요.

핵심 표현

아-깟- 디- 크랍 카

อากาศ ดี ครับ(/ค่ะ)

날씨가 좋네요.

단어를 바꿔서 표현해 보세요.

▫ **ร้อน** [런-] 덥다

▫ **หนาว** [나-우] 춥다

▫ **เย็น** [옌] 시원하다

단어

อากาศ [아-깟-] 날씨

Tip

태국어는 형태 변화나 복잡한 문법 규칙이 많지 않은 언어입니다. 영어와 달리 상태나 감정을 표현할 때도 특별한 형태 변화 없이 「주어＋형용사(상태동사)」의 구조로 이야기할 수 있습니다. 예를 들어, '날씨가 덥다'라고 말할 때, '날씨'와 '덥다'를 순서대로 말하는 것만으로도 문장이 완성됩니다.

아-깟- 런- 크랍 카
อากาศ ร้อน ครับ(/ค่ะ)　　　날씨가 덥네요.

อา-깐- 마이 디- 크랍 카
อากาศ ไม่ ดี ครับ(/ค่ะ)

날씨가 안 좋아요.

> ※ 동사 또는 형용사(상태동사) 앞에 부정어인 ไม่를 넣으면 부정문이 됩니다.

อา-깐- 깜랑 디- 크랍 카
อากาศ กำลัง ดี ครับ(/ค่ะ)

날씨가 딱 좋아요.

폰(f) 똑 크랍 카
ฝน ตก ครับ(/ค่ะ)

비가 와요.

> 비와 눈은 '떨어지다'라고 표현합니다.

히마 똑 크랍 카
หิมะ ตก ครับ(/ค่ะ)

눈이 와요.

 엿보기 단어

ไม่ [마이] 안 (부정어)　　　　　　ตก [똑] 떨어지다
กำลังดี [깜랑 디-] 딱 좋다　　　　หิมะ [히마] 눈
ฝน [폰(f)] 비

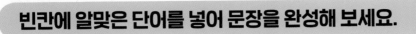

날씨가 좋네요.

อากาศ

날씨가 안 좋아요.

อากาศ

날씨가 딱 좋아요.

อากาศ

비가 와요.

ฝน

눈이 와요.

หิมะ

질문 있어요!

Q. 태국의 계절이 궁금해요!

태국은 일 년 내내 덥다고 생각하기 쉽지만, 실제로는 '우기, 겨울, 여름'의 3가지 계절로 나뉩니다.

· 우기 : 5월 중순~10월 중순까지로, 짧고 강한 소나기가 자주 내리고 높은 습도로 인해 무더운 날씨가 계속됩니다.

· 겨울 : 10월 중순~2월 중순까지로, 비교적 건조하고 선선하며 특히, 1월은 가장 시원한 시기로 관광객들에게 인기가 많습니다.

· 여름 : 2월 중순~5월 중순까지로, 매우 덥고 건조한 날씨가 특징이며 특히, 4월은 가장 더운 시기입니다. 이때 태국의 전통 물 축제인 '송끄란(สงกรานต์)'이 열려, 서로에게 물을 뿌리며 더위를 식힙니다.

완니–   아–깐–   뻰 양–라이방–   ㅋ랍   카

A: **วันนี้** อากาศ เป็นอย่างไรบ้าง ครับ(/คะ)   오늘 날씨 어때요?

완니–   아–깐–   디– ㅋ랍   카

B: **วันนี้** อากาศ ดี ครับ(/ค่ะ)   오늘은 날씨가 좋아요.

➡ 날씨를 물어볼 때는 안부를 물어볼 때와 마찬가지로 **เป็นอย่างไรบ้าง**을 사용하고 주어만 날씨로 바꿔서 말하면 됩니다.

 **엿보기 단어**

_____

วันนี้ [완니–] 오늘

칭찬하기

🎧 01-17

태국인들은 칭찬할 때 상대방의 노력이나 성과를 인정하며 따뜻한 격려의 표현을 사용하는 것이 일반적입니다. 칭찬은 대화를 부드럽게 하고 서로의 관계를 긍정적으로 만드는 데 도움이 됩니다. 다양한 칭찬 표현을 익혀보세요.

핵심 표현

쿤 푿- 파-싸 타이 껭- 막- 크랍 카

คุณ พูด ภาษาไทย เก่ง มาก ครับ(/ค่ะ)

태국어를 매우 잘하시네요.

단어를 바꿔서 표현해 보세요.

▫ **ภาษาเกาหลี** [파-싸-까오리-] 한국어

▫ **ภาษาอังกฤษ** [파-싸-앙끄릳] 영어

▫ **ภาษาจีน** [파-싸-찐-] 중국어

단어

คุณ [쿤] 당신
พูด [푿-] 말하다
ภาษาไทย [파-싸-타이]
태국어
เก่ง [껭-] 잘하다

Tip คุณพูดภาษาไทยเก่งมากครับ(/ค่ะ)은 '태국어로 말하는 것'을 잘한다는 의미입니다. 말하기 외에도 읽기, 쓰기, 듣기까지 모두 잘할 경우에는 다음과 같은 칭찬 표현을 사용할 수 있습니다.

쿤 껭- 파-싸-타이 크랍 카

คุณ เก่ง ภาษาไทย ครับ(/ค่ะ) 태국어를 잘하시네요.

ᴵ이^암 ᴷ크랍 ᴷ카
เยี่ยม ครับ(/ค่ะ)

훌륭해요.

탐ᴰ다이디- ᴹ막- ᴷ크랍 ᴷ카
ทำได้ดี มาก ครับ(/ค่ะ)

너무 잘했어요.

쑤-ᴬ아이 ᴹ막- ᴷ크랍 ᴷ카
สวย มาก ครับ(/ค่ะ)

엄청 예쁘네요.

나^락 ᴷ크랍 ᴷ카
น่ารัก ครับ(/ค่ะ)

귀엽네요.

 엿보기 단어

เยี่ยม [이^암] 훌륭하다
ทำได้ดี [탐다이디-] 잘하다

สวย [쑤-아이] 예쁘다
น่ารัก [나-락] 귀엽다, 사랑스럽다

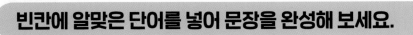

태국어를 매우 잘하시네요.

คุณ พูด ภาษาไทย

훌륭해요.

เ

너무 잘했어요.

ทำได้ดี

엄청 예쁘네요.

สวย

귀엽네요.

น่า

질문 있어요!

Q. 칭찬에 대한 답변은 어떻게 하나요?

태국에서는 칭찬에 대해 겸손하게 답하는 것이 일반적이지만, 상대방이 무안하지 않게 '감사합니다'라고 답변하거나 감사 표현과 함께 상대방에게도 칭찬을 되돌려주면서 친밀감을 표현하기도 합니다.

컵-쿤　　 크랍　 카
ขอบคุณ ครับ(/ค่ะ)　　　　　　　　　　감사합니다.

마이다이　 카낟-난　 크랍　 카
ไม่ได้ ขนาดนั้น ครับ(/ค่ะ)　　　　　　그 정도는 아니에요.

쿤　 꺼- 쑤-아이　 므-안깐　 크랍　 카
คุณ ก็ สวย เหมือนกัน ครับ(/ค่ะ)　　　당신도 예쁘세요.

 **엿보기 단어**

ขนาดนั้น [카낟-난] 그 정도로　　　　　　**เหมือนกัน** [므-안깐] 똑같다

취향 말하기

🎧 01-19

한국과 태국은 문화가 다르기 때문에 상대방의 취향을 아는 것은 서로를 이해하고 친밀감을 쌓는 데 도움이 될 수 있습니다. 동사 **ชอบ**을 활용하여 음식 또는 영화 등의 취향을 물어보는 표현을 익혀보세요.

쿤　　첩-　　　　아-한-타이　　　아라이　크랍　카
คุณ ชอบ อาหารไทย อะไร ครับ(/คะ)

당신은 무슨 태국 음식을 좋아하시나요?

단어

ชอบ [첩-] 좋아하다
อาหาร [아-한-] 음식
อะไร [아라이] 무엇

 Tip ชอบ 뒤에는 명사와 동사가 모두 올 수 있습니다. '~하는 것을 좋아하다'라는 의미를 나타내는 「**ชอบ**+명사/동사」 구조를 활용하여 좋아하는 것을 말할 수 있습니다. 「**ชอบ**+동사」 구조가 한국어로 해석했을 때 어색한 경우도 있으나 태국어에서는 자연스러운 표현입니다.

쿤　첩-　낀　아-한-　아라이　크랍　카
A: **คุณ ชอบ กิน อาหาร อะไร ครับ(/คะ)**　　　→ ชอบ+동사
당신은 무슨 음식 먹는 것을 좋아하나요?

폼　디찬　첩-　　아-한-타이　크랍　카
B: **ผม(/ดิฉัน) ชอบ อาหารไทย ครับ(/ค่ะ)**　　　→ ชอบ+명사
저는 태국 음식을 좋아합니다.

ㅤㅤㅤ폼ㅤㅤ디찬ㅤㅤ첩-ㅤㅤ팟타이ㅤㅤ크랍ㅤㅤ카
ผม(/ดิฉัน) ชอบ ผัดไทย ครับ(/ค่ะ)
저는 팟타이를 좋아해요.

ㅤㅤㅤ폼ㅤㅤ디찬ㅤㅤ마이ㅤㅤ첩-ㅤㅤ팍치-ㅤㅤ크랍ㅤㅤ카
ผม(/ดิฉัน) ไม่ ชอบ ผักชี ครับ(/ค่ะ)
저는 고수를 좋아하지 않아요.

ㅤㅤ폼ㅤㅤ디찬ㅤㅤ마이커-이ㅤㅤ첩-ㅤㅤ낀ㅤㅤ똠얌꿍ㅤㅤ크랍ㅤㅤ카
ผม(/ดิฉัน) ไม่ค่อย ชอบ กิน ต้มยำกุ้ง ครับ(/ค่ะ)
저는 똠얌꿍 먹는 것을 그다지 좋아하지 않아요.

ㅤㅤ쿤ㅤㅤ첩-ㅤㅤ두-ㅤㅤ낭ㅤㅤ내-우ㅤㅤ나이ㅤㅤ크랍ㅤㅤ카
คุณ ชอบ ดู หนัง แนว ไหน ครับ(/คะ)
당신은 어떤 장르의 영화 보는 것을 좋아하나요?

 엿보기 단어

ผัดไทย [팟타이] 팟타이 (태국식 볶음면)
ผักชี [팍치-] 고수
ไม่ค่อย ~ [마이커-이] 그다지 ~지 않다 (완곡 표현)
ต้มยำกุ้ง [똠얌꿍] 똠얌꿍 (태국식 수프)

ดู [두-] 보다
หนัง [낭] 영화
แนว [내-우] 장르, 스타일
ไหน [나이] 어느

당신은 무슨 태국 음식을 좋아하시나요?

คุณ ชอบ อาหารไทย

저는 팟타이를 좋아해요.

ผม(/ดิฉัน) ชอบ

저는 고수를 좋아하지 않아요.

ผม(/ดิฉัน) ไม่ ชอบ

저는 똠얌꿍 먹는 것을 그다지 좋아하지 않아요.

ผม(/ดิฉัน) ไม่ค่อย ชอบ กิน

당신은 어떤 장르의 영화 보는 것을 좋아하나요?

คุณ ชอบ ดู หนัง

질문 있어요!

Q. 좋아하거나 싫어하는 이유도 함께 말하고 싶어요.

좋아하거나 싫어하는 이유를 말할 때는 '**เพราะ**(때문에)'와 '**เลย**(그래서)'를 활용할 수 있습니다. 이유를 나타내는 **เพราะ** 이후의 절이 문장 앞이나 뒤에 자유롭게 위치할 수 있습니다. **เลย**는 이유를 먼저 말하고 나서, '그래서 ~를 좋아합니다'라는 표현을 만들 때 사용합니다. 이때, **เลย**은 반드시 동사 앞에 위치해야 합니다. **เพราะ**와 **เลย**는 함께 사용해도 되고 둘 중 하나만 사용해도 됩니다.

● **เพราะ** : 때문에

폼　디찬　첩-　팟타이　프러　팟타이　아러-이　크랍　카
ผม(/ดิฉัน) ชอบ ผัดไทย. เพราะ ผัดไทย อร่อย ครับ(/ค่ะ)

저는 팟타이를 좋아합니다. 팟타이가 맛있기 때문입니다.

프러　팟타이　아러-이　폼　디찬　첩-　팟타이　크랍　카
เพราะ ผัดไทย อร่อย, ผม(/ดิฉัน) ชอบ ผัดไทย ครับ(/ค่ะ)

팟타이가 맛있기 때문에, 저는 팟타이를 좋아합니다.

● **เลย** : 그래서

팟타이　아러-이　폼　디찬　르ㅓ-이　첩-　팟타이　크랍　카
ผัดไทย อร่อย. ผม(/ดิฉัน) เลย ชอบ ผัดไทย ครับ(/ค่ะ)

팟타이는 맛있습니다. 그래서 저는 팟타이를 좋아합니다.

● **เพราะ**와 **เลย** 혼합

프러　팟타이　아러-이　폼　디찬　르ㅓ-이　첩-　팟타이　크랍　카
เพราะ ผัดไทย อร่อย, ผม(/ดิฉัน) เลย ชอบ ผัดไทย ครับ(/ค่ะ)

팟타이는 맛있기 때문에, 그래서 저는 팟타이를 좋아합니다.

 **엿보기 단어**

อร่อย [아러-이] 맛있다

질문하기

🎧 01-21

무엇인가를 물어볼 때는 의문형 어조사인 **ไหม**와 **หรือ**를 사용하거나 의문사(언제, 어디 등)를 활용할 수 있습니다. 기본적인 상대방의 정보에 대해 물어볼 때는 주로 의문사를 사용합니다.

39p. 의문사 참고

핵심 표현

아-유   타̂오라̄이   크랍   카

อายุ เท่าไร ครับ(/คะ)

나이가 몇 살이에요?

단어

เท่าไร [타̂오라̄이] 얼마 (의문사)

พักแถวไหน
ครับ

อายุเท่าไร
ครับ

มีพี่น้องกี่คนครับ

Tip 태국에서도 한국과 유사하게 친하지 않은 사이에 너무 구체적인 질문은 실례가 될 수 있습니다. 또한, 나이에 민감한 사람도 있을 수 있으므로 조심스럽게 질문하는 것이 좋습니다.

쿤 마- 짝- 나이 크랍 카

คุณ มา จาก ไหน ครับ(/คะ)

어느 나라에서 왔어요? (직역: 어디에서 왔어요?)

팍 태-우 나이 크랍 카

พัก แถว ไหน ครับ(/คะ)

어디 근처 살아요? (직역: 어디 근처에서 쉬어요?)

끄ㅓ-ㄷ- 완 티-타오라이 크랍 카

เกิด วัน ที่เท่าไร ครับ(/คะ)

생일이 언제예요?

미- 피-넝- 끼- 콘 크랍 카

มี พี่น้อง กี่ คน ครับ(/คะ)

형제자매가 몇 명 있어요?

 엿보기 단어

จาก~ [짝-] ~로 부터	**ที่เท่าไร** [티-타오라이] 몇 번째
ไหน [나이] 어디, 어느	**มี** [미-] 있다
พัก [팍-] 쉬다	**พี่น้อง** [피-넝-] 형제자매
แถว [태-우] 근처	**กี่** [끼-] 몇
เกิด [끄ㅓ-ㄷ-] 태어나다	**คน** [콘] 명

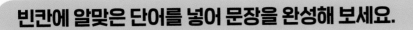
나이가 몇 살이에요?

อายุ

어느 나라에서 왔어요? (직역: 어디에서 왔어요?)

คุณ มา จาก

어디 근처 살아요? (직역: 어디 근처에서 쉬어요?)

พัก แถว

생일이 언제예요?

เกิด วัน ที่

형제자매가 몇 명 있어요?

มี พี่น้อง กี่

질문 있어요!

Q. 형제자매가 몇 명인지 묻는 질문에는 어떻게 답변하나요?

태국어에서 숫자와 관련된 표현은 대체로 한국어와 어순이 비슷합니다. 예를 들어, '형 3명'
은 '**พี่ชาย 3 คน**'이라고 말합니다. 단, 형제자매의 수를 이야기할 때는 자신을 포함해서 말하
는 특징이 있으므로, 답변할 때 혼동하지 않도록 주의하세요.

미- 피-넝- 끼- 콘   크랍 카
A: มี พี่น้อง กี่ คน ครับ(/คะ)   형제자매가 몇 명 있어요?

미- 쌈- 콘 크랍   카
B: มี 3 คน ครับ(/ค่ะ)   3명 있어요. (자신 포함)

미- 피싸-우   넝-차-이   래 폼   디찬   크랍   카
มี พี่สาว น้องชาย และ ผม(/ดิฉัน) ครับ(/ค่ะ)

누나(언니), 남동생, 그리고 저예요.

● 추가 단어

한국어	태국어
형, 오빠	**พี่ชาย** [피차-이]
남동생	**น้องชาย** [넝-차-이]
누나, 언니	**พี่สาว** [피싸-우]
여동생	**น้องสาว** [넝-싸-우]

취미 말하기

🎧 01-23

서로의 친밀감을 높이고 자연스럽게 대화를 이어갈 수 있는 주제 중 하나로 '취미'가 있습니다. 태국에서는 취미를 말할 때 '시간 있을 때 ~하는 것을 좋아해요'라는 표현을 자주 사용합니다. 동사 **ชอบ** (좋아하다)을 활용하여 다양한 취미를 말해 보세요.

핵심 표현

왕왕- 폼 디찬 첩- 팡(f) 플렝- 크랍 카

ว่าง ๆ ผม(/ดิฉัน) ชอบ ฟัง เพลง ครับ(/ค่ะ)

시간 있을 때 저는 노래 듣는 걸 좋아해요.

단어를 바꿔서 표현해 보세요.

▫ **ร้องเพลง** [렁-플렝-] 노래를 부르다

▫ **ดูหนัง** [두-낭] 영화를 보다

▫ **ไปเที่ยว** [빠이티-아우] 여행 가다

단어

ว่าง [왕] 한가하다
ฟัง [팡(f)] 듣다
เพลง [플렝-] 노래

Tip ● **ชอบ**의 다양한 의미

ชอบ은 '좋아하다'라는 뜻 외에도 취미나 습관적인 행동을 말할 때 '자주 ~하다'라는 의미로도 쓰입니다. '그 행동을 좋아한다'와 '자주 그 행동을 한다'라는 2가지 의미를 모두 내포하고 있습니다.

폼 디찬 첩- 뻰왓 크랍 카

ผม(/ดิฉัน) ชอบ เป็นหวัด ครับ(/ค่ะ) 저는 자주 감기에 걸려요.

ว่าง ๆ ชอบ เจอ เพื่อน

시간 있을 때 친구 만나는 걸 좋아해.

เวลาว่าง ผม(/ดิฉัน) ชอบ อ่าน หนังสือ ครับ(/ค่ะ)

한가할 때 저는 독서하는 걸 좋아해요.

เล่นฟุตบอล เป็น งานอดิเรก ครับ(/ค่ะ)

취미로 축구를 하고 있어요.

> งานอดิเรกเศษ เรกของ
> การออกเสียงเป็นข้อยกเว้น성조가
> 1성으로 발음됩니다.
>
> 24p. 성조 참고

ช่วงนี้ สนใจ กีฬา ครับ(/ค่ะ)

요즘엔 스포츠에 관심이 있어요.

 엿보기 단어

เพื่อน [프-안] 친구
เวลา [웨-라] 시간, ~때
อ่าน [안-] 읽다
หนังสือ [낭쓰-] 책
เล่นฟุตบอล [렌풋(f)번-] 축구를 하다

เป็น [뻰] ~로
งานอดิเรก [응안-아디렉-] 취미
สนใจ [쏜짜이] 관심이 있다
กีฬา [끼-라-] 스포츠

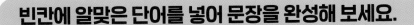
시간 있을 때 저는 노래 듣는 걸 좋아해요.

ว่าง ๆ ผม(/ดิฉัน) ชอบ ฟัง

시간 있을 때 친구 만나는 걸 좋아해.

ว่าง ๆ ชอบ เจอ

한가할 때 저는 독서하는 걸 좋아해요.

เวลาว่าง ผม(/ดิฉัน) ชอบ อ่าน

취미로 축구를 하고 있어요.

เล่นฟุตบอล เป็น

요즘엔 스포츠에 관심이 있어요.

ช่วงนี้ สนใจ

질문 있어요!

Q. 취미에 대한 질문은 어떻게 하나요?

태국에서는 보통 취미를 물어볼 때 직접적으로 '취미가 뭐예요?'라고 물어보기보다는 '시간 있을 때 뭐 하는 거 좋아해요?' 또는 '취미로 뭐해요?'와 같이 간접적으로 물어보는 경우가 많습니다. 공손한 표현의 질문과 친한 사이에서 사용하는 반말 형태의 표현을 익혀보세요.

● 공손한 표현

왕왕– 쿤 첩– 탐 아라이 크랍 카
ว่าง ๆ คุณ ชอบ ทำ อะไร ครับ(/คะ)
당신은 시간 있을 때 뭐 하는 거 좋아하세요?

쿤 미– 응안–아디렉– 아라이 방– 크랍 카
คุณ มี งานอดิเรก อะไร บ้าง ครับ(/คะ)　　　무슨 취미를 갖고 계세요?

쿤 탐 응안–아디렉– 아라이 방– 크랍 카
คุณ ทำ งานอดิเรก อะไร บ้าง ครับ(/คะ)　　　취미로 뭐 하세요?

● 반말 표현

반말의 경우, คุณ(당신) 대신 상대방의 이름 또는 เธอ(너)를 사용합니다.

왕왕– 차이윳 첩– 탐 아라이
ว่าง ๆ ชัยยุต ชอบ ทำ อะไร　　　차이윳은 시간 있을 때 뭐 하는 거 좋아해?

웨–라 왕– 트ㅓ– 첩– 탐 아라이
เวลา ว่าง เธอ ชอบ ทำ อะไร　　　너는 시간 있을 때 뭐 하는 거 좋아해?

제안하기

🎧 01-25

의견을 제시하거나 제안할 때는 의문형 어조사인 **ไหม**를 활용할 수 있습니다.
'**~ กันไหม**(같이 ~할래?)'를 활용하여 다양한 제안 표현을 익혀보세요.

★★★★
핵심 표현

빠^{`</sup>이   낀   카<sup>^</sup>우   깐   마<sup>`}이   크랍   카[']

ไป กิน ข้าว กัน ไหม ครับ(/คะ)

같이 밥 먹으러 갈래요?

단어를 바꿔서 표현해 보세요.

단어

กัน [깐] 같이, 함께

▫ **ขนม** [카놈] 간식

▫ **ก๋วยเตี๋ยว** [꾸–아이띠–아우] 쌀국수

▫ **กาแฟ** [까–패–(f)] 커피
  ↳음료수에도 **กิน**(먹다)을 함께 사용할 수 있습니다.

Tip   **ไหม** 자체가 제안의 의미로, **ไหม**를 사용한 것만으로도 제안 표현이 가능합니다. 그러나 무엇
인가를 '같이 하자'는 의미를 강조하고 싶다면 **กัน**을 함께 사용하는 것도 좋습니다.

ไป กิน ขนม กัน ไหม ครับ(/คะ)   같이 간식 먹으러 갈래요?

ไป กิน ขนม ไหม ครับ(/คะ)   간식 먹으러 갈래요?

빠이 란-까-패-(f) 깐 마이 크랍 카
ไป ร้านกาแฟ กัน ไหม ครับ(/คะ)

같이 카페 갈래요?

타-이룹- 깐 마이 크랍 카
ถ่ายรูป กัน ไหม ครับ(/คะ)

같이 사진 찍을래요?

쓰리-안 티-낭 디-마이 크랍 카
เปลี่ยน ที่นั่ง ดีไหม ครับ(/คะ)

자리를 바꾸는 게 어때요?

쯔ㅓ-깐 떤-옌 디-마이 크랍 카
เจอกัน ตอนเย็น ดีไหม ครับ(/คะ)

저녁에 만나는 게 어때요?

 **엿보기 단어**

ร้านกาแฟ [란-까-패-(f)] 카페	**ที่นั่ง** [티-낭] 자리
ถ่ายรูป [타-이룹-] 사진을 찍다	**~ดีไหม** [디-마이] ~하는 게 어때?
เปลี่ยน [쓰리-안] 바꾸다	**ตอนเย็น** [떤-옌] 저녁때

같이 밥 먹으러 갈래요?

ไป กิน ข้าว กัน

같이 카페 갈래요?

ไป ร้านกาแฟ กัน

같이 사진 찍을래요?

ถ่ายรูป

자리를 바꾸는 게 어때요?

เปลี่ยน ที่นั่ง

저녁에 만나는 게 어때요?

เจอกัน ตอนเย็น

Q. เป็นอย่างไร와 **ดีไหม** 둘 다 '어때?'라는 뜻인가요?

두 표현은 모두 '어때?'라는 뜻으로 사용되지만, 그 뉘앙스와 쓰임에 약간의 차이가 있습니다. **เป็นอย่างไร**는 주로 상태나 상황을 묻는 질문에 사용하며, **ดีไหม**는 주로 무엇인가를 제안할 때 사용합니다.

- **เป็นอย่างไร** : 상태나 상황

  아−깐− 뻰양−라이 크랍 카
  A: **อาการ เป็นอย่างไร ครับ(/คะ)**   몸 상태는 <mark>어때요?</mark>

  양 마̂이 싸바−이 크랍 카̂
  B: **ยัง ไม่ สบาย ครับ(/ค่ะ)**   아직 안 좋아요.

- **ดีไหม** : 제안

  낀 카̂−우 티−니̂− 디−마̌이 크랍 카
  A: **กิน ข้าว ที่นี่ ดีไหม ครับ(/คะ)**   여기서 밥 먹는 게 <mark>어때요?</mark>

  디− 크랍 카̂
  B: **ดี ครับ(/ค่ะ)**   좋아요.

 **엿보기 단어**

อาการ [아−깐−] 증상, 상태   **ที่นี่** [티−니̂−] 여기, 이곳

약속하기

🎧 01-27

약속을 정할 때는 먼저 상대방이 가능한 시간을 물어보고 구체적인 일정을 정하는 것이 예의입니다. 자주 쓰이는 표현으로 'ว่างวันไหนบ้าง'이 있습니다. 직역하면 '어느 날 한가해?'라는 뜻이지만, 가능한 시간을 묻는 질문이므로 '언제 시간이 되나요?'라는 의미로 이해할 수 있습니다.

★★★★
핵심 표현

쿤 왕^ 완나ˇ이 방^ 크랍 카

คุณ ว่าง วันไหน บ้าง ครับ(/คะ)

언제 시간이 되세요? (직역: 한가한 날이 언제인가요?)

단어

วันไหน [완나ˇ이] 어느 날

กินข้าวที่ไหนกันดี
ครับ

Tip 태국인들은 약속 시간에 비교적 느긋한 편입니다. 약속에 조금 늦는 경우가 많으므로 시간을 정할 때 여유를 두는 것이 좋습니다. 또한, 약속 장소는 정확히 정해야 합니다. 쇼핑몰이나 큰 건물처럼 넓은 장소에서는 특정 카페나 출입구 등 구체적인 위치를 지정하면 혼란을 줄일 수 있습니다.

응용 표현 익히기 🎧 01-28

쯔ㅓ-깐 티-나̆이 디- 크랍́ 카́

เจอกัน ที่ไหน ดี ครับ(/คะ)

어디서 만나는 게 좋을까요?

낀 카̂-우 티-나̆이 깐 디- 크랍́ 카́

กิน ข้าว ที่ไหน กัน ดี ครับ(/คะ)

밥을 어디서 먹는 게 좋을까요?

쯔ㅓ-깐 끼̀- 몽- 디- 크랍́ 카́

เจอกัน กี่ โมง ดี ครับ(/คะ)

몇 시에 만나는 게 좋을까요?

르̂-안 낫́ 다̂이마̆이 크랍́ 카́

เลื่อน นัด ได้ไหม ครับ(/คะ)

약속을 미룰 수 있을까요?

 엿보기 단어

โมง [몽-] 시
นัด [낫́] 약속
เลื่อน [르̂-안] 미루다
~ ได้ไหม [다̂이마̆이] ~수 있나요?

언제 시간이 되세요? (직역: 한가한 날이 언제인가요?)

คุณ ว่าง วันไหน

어디서 만나는 게 좋을까요?

เจอกัน

밥을 어디서 먹는 게 좋을까요?

กิน ข้าว ที่ไหน

몇 시에 만나는 게 좋을까요?

เจอกัน กี่

약속을 미룰 수 있을까요?

เลื่อน นัด

질문 있어요!

Q. 원하는 날 시간이 되는지 물어볼 때는 어떻게 말하나요?

약속을 정할 때는 상대방과의 관계에 따라 표현이 달라질 수 있습니다. 동생이나 친한 사이에는 간단하게 반말 형태로 질문할 수 있으며, 윗사람 또는 격식을 차려야 하는 경우에는 정중한 표현을 사용합니다. 이때 상대방의 일정 상태를 간접적으로 물어보면 더욱 예의 바른 인상을 줄 수 있습니다.

● 친근한 사이에서

완쑥 니- 왕- 마이
วันศุกร์ นี้ ว่าง ไหม   이번 주 금요일에 시간 돼?

완쑥 니- 다이마이
วันศุกร์ นี้ ได้ไหม   이번 주 금요일 가능해?

● 정중한 표현

완쑥 니- 싸두-악 마이 크랍 카
วันศุกร์ นี้ สะดวก ไหม ครับ(/คะ)   이번 주 금요일 괜찮으세요?

완쑥 니-미- 낟 래-우 르-양 크랍 카
วันศุกร์ นี้ มี นัด แล้ว หรือยัง ครับ(/คะ)

이번 주 금요일에 이미 약속이 있으신가요?

엿보기 단어

วันศุกร์ [완쑥] 금요일
นี้ [니-] 이 (지시형용사)

สะดวก [싸두-악] 편리하다, 방해되는 것이 없다

Unit 15

부탁하기

🎧 01-29

무엇인가를 부탁할 때는 상대방이 부담을 느끼지 않도록 부드럽고 공손한 표현을 사용하는 것이 좋습니다. 친한 사이에서는 문장 끝에 **หน่อย**만 붙여 간단히 부탁할 수 있습니다. 공손한 표현이 필요할 때는 '~해 주세요'의 뜻을 가진 **ช่วย**를 넣거나 문장 끝에 '**ได้ไหม**(~수 있나요?)'를 붙여서 표현할 수 있습니다.

핵심 표현

추-아이 쁘ㅓㄷ- 쁘라뚜- 너-이 다이마이 크랍 카

ช่วย เปิด ประตู (หน่อย) ได้ไหม ครับ(/คะ)

문 좀 열어주실 수 있나요?

단어

ช่วย [추-아이] 돕다
เปิด [쁘ㅓㄷ-] 열다
ประตู [쁘라뚜-] 문
หน่อย [너-이] 좀

Tip

● **หน่อย**
요청이나 부탁을 부드럽고 친근하게 만들어 줍니다. 특히 비격식적인 상황에서는 **หน่อย**만 붙여서 간단하게 부탁할 수 있습니다.

쁘ㅓㄷ- 쁘라뚜- 너-이 크랍 카
เปิด ประตู หน่อย ครับ(/ค่ะ) 문 좀 열어주세요.

롭꾸-안   너-이   다ิ이마ิ이   크ิ랍   카ิ
รบกวน หน่อย ได้ไหม ครับ(/คะ)

좀 실례해도 될까요? (직역: 좀 귀찮게 해드려도 되나요?)

롭꾸-안   추-아이   너-이   다ิ이마ิ이   크ิ랍   카ิ
รบกวน ช่วย หน่อย ได้ไหม ครับ(/คะ)

죄송하지만 좀 도와주실 수 있나요?

커-   웨-라-   너-이   다ิ이마ิ이   크ิ랍   카ิ
ขอ เวลา หน่อย ได้ไหม ครับ(/คะ)

시간을 좀 주실 수 있나요?

※ 2가지 의미 : ① 기다려 달라 ② 시간 좀 내어 달라

푿-   차차-   너-이   크ิ랍   카ิ
พูด ช้า ๆ หน่อย ครับ(/ค่ะ)

말을 좀 천천히 해 주세요.

 **엿보기 단어**

รบกวน [롭꾸-안] 폐를 끼치다, 귀찮게 하다   **ช้า** [차-] 느리다

ขอ [커-] 요청하다

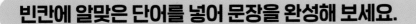
문 좀 열어주실 수 있나요?

ช่วย เปิด ประตู

좀 실례해도 될까요? (직역: 좀 귀찮게 해드려도 되나요?)

รบกวน หน่อย

죄송하지만 좀 도와주실 수 있나요?

รบกวน ช่วย หน่อย

시간을 좀 주실 수 있나요?

ขอ เวลา

말을 좀 천천히 해 주세요.

พูด ช้า ๆ

질문 있어요!

Q. 태국에서 부탁할 때 주의할 점이 있나요?

태국 문화에서는 공손함이 매우 중요합니다. 부탁하기 전에 상대방에게 예의를 갖추기 위해 먼저 '**ขอโทษครับ(/ค่ะ)**'(실례합니다)'라고 말한 후 부탁의 내용을 말하며, '폐를 끼치다'라는 뜻의 **รบกวน**을 문장 앞에 넣어 공손함을 강조하기도 합니다. 또한 문장 말미에 '**~ ให้หน่อย**(~ 좀 해 주세요)'를 넣어 '나'를 도와달라는 느낌을 더 강조할 수도 있습니다. 사정을 길게 설명하기보다는 용건을 간단히 말하고 부탁하는 것이 일반적입니다. 부탁이 끝난 후에는 '감사합니다'라는 뜻의 **ขอบคุณครับ(/ค่ะ)**로 고마움을 표현하는 것이 예의입니다.

커–톳– 크랍 카 롭꾸–안 추–아이 삗 쁘라뚜– 하이너–이 다이마이 크랍 카

A: ขอโทษ ครับ(/ค่ะ). รบกวน ช่วย ปิด ประตู ให้หน่อย ได้ไหม ครับ(/คะ)

실례합니다. 죄송하지만 문을 좀 닫아주실 수 있을까요?

다이 크랍 카

B: ได้ ครับ(/ค่ะ)　　　　네.

컵–쿤 크랍 카

A: ขอบคุณ ครับ(/ค่ะ)　　　감사합니다.

마이뻰라이 크랍 카

B: ไม่เป็นไร ครับ(/ค่ะ)　　　괜찮습니다.

 **엿보기 단어**

แต่ [때–] 하지만, 그러나　　　　　　**ปิด** [삗] 닫다

Unit 16

긍정 표현하기

누군가의 제안이나 부탁 또는 요청을 받았을 때 승낙의 대표적인 표현으로 **ได้**가 있습니다. '좋다'라는 의미인 긍정의 표현으로 간단하게 말할 때 자주 사용합니다. **ได้** 뒤에 **สิ**를 붙이면 더 적극적이고 기쁜 승낙의 느낌을 표현할 수 있습니다.

주의 **สิ** 뒤에는 **ค่ะ**가 아닌 **คะ**를 사용합니다.

★★★★
핵심 표현

다이 씨 크랍 카
ได้ สิ ครับ(/คะ)

당연히 가능하죠.

↳ 영어의 of course와 유사합니다.

단어

ได้ [다이] 가능하다, ~수 있다
สิ [씨] 명령이나 강조 등을
나타내는 어조사

ได้สิคะ

Tip **สิ**는 긍정적인 승낙을 강조할 때뿐만 아니라 명령할 때도 사용할 수 있습니다.

낀 카우 씨
กิน ข้าว สิ   밥 먹어!

다ิ้이 르ㅓ-이 크้랍 카้
ได้ เลย ครับ(/ค่ะ)
가능해요.

> 부드럽고 친절한 응답으로, 즉시 실행이 가능하도록 허가해 준다는 의미입니다.

차้이 크้랍 카้
ใช่ ครับ(/ค่ะ)
네.

헨้두-아이 크้랍 카้
เห็นด้วย ครับ(/ค่ะ)
동의해요.

디- 막- 크้랍 카้
ดี มาก ครับ(/ค่ะ)
아주 좋아요.

엿보기 단어

เลย [르ㅓ-이] 강조 표현
ใช่ [차้이] 맞다, 그렇다

เห็นด้วย [헨้두-아이] 동의하다

당연히 가능하죠.

ได้

가능해요.

ได้

네.

ใ

동의해요.

เห็น

아주 좋아요.

ดี

Q. 바로 승낙할 수 없을 때는 어떻게 대답하나요?

어떤 제안이나 요청에 바로 긍정적인 대답을 하지 못하는 경우에는 상대방에게 불편을 끼치지 않으면서도 정중하게 답변하는 것이 좋습니다.

쯔ㅓ–깐   떤–옌   다이마이   크랍   카
A: เจอกัน ตอนเย็น ได้ไหม ครับ(/คะ)   저녁에 만날 수 있으세요?

양   마이   내–짜이   크랍   카
B: ยัง ไม่ แน่ใจ ครับ(/ค่ะ)   아직 확실하지 않아요.

양   마이   루–   크랍   카
ยัง ไม่ รู้ ครับ(/ค่ะ)   아직 모르겠어요.

나–짜   다이   크랍   카
น่าจะ ได้ ครับ(/ค่ะ)   아마 가능할 것 같아요.

✎ '아마 ~일 것이다'의 뜻으로, 명확하지 않을 때 사용하며 동사 앞에 위치합니다.

지식 플러스

● 가능성, 예상, 추측 등을 나타내는 조동사

จะ [짜]		~일 것이다 (강한 추측)
น่า(จะ) [나–짜]	(* จะ 생략 가능)	아마 ~일 것이다
อาจ(จะ) [앋–짜]	(* จะ 생략 가능)	~일지도 모른다 (약한 추측)

부정 표현하기

🎧 01-33

누군가의 제안이나 부탁을 거절할 때는 직접적인 표현보다는 부드럽고 공손한 말투를 사용하는 것이 중요합니다. 거절하기 전에는 사과나 감사의 말을 전하며 상대방을 배려하는 것이 좋습니다. 부정적인 답변의 다양한 표현을 익혀보세요.

핵심 표현

커-톧- 크랍 카 때- 폼 디찬 콩짜 마이다이 크랍 카

ขอโทษ ครับ(/ค่ะ), แต่ ผม(/ดิฉัน) คงจะ ไม่ได้ ครับ(/ค่ะ)

죄송하지만, 저는 안될 것 같아요.

단어

คงจะ [콩짜] ~일 것 같다

~ ไม่ได้ [마이다이] ~할 수 없다

ขอโทษค่ะ

커-톧- 크랍 카 때- 마이 왕- 크랍 카

ขอโทษ ครับ(/ค่ะ), แต่ ไม่ ว่าง ครับ(/ค่ะ)

죄송하지만, 시간이 없어요.

커-톧- 크랍 카 때- 미- 투라 크랍 카

ขอโทษ ครับ(/ค่ะ), แต่ มี ธุระ ครับ(/ค่ะ)

죄송하지만, 일이 있어요.

커-톧- 크랍 카 때- 완난 폼 디찬 미- 낟 래-우 크랍 카

ขอโทษ ครับ(/ค่ะ), แต่ วันนั้น ผม(/ดิฉัน) มี นัด แล้ว ครับ(/ค่ะ)

죄송하지만, 그날 이미 약속이 있어요.

컵-쿤 크랍 카 때- 마이뻰라이 크랍 카

ขอบคุณ ครับ(/ค่ะ), แต่ ไม่เป็นไร ครับ(/ค่ะ)

감사하지만, 괜찮아요.

 엿보기 단어

ธุระ [투라] 일, 용무　　　　　　　　วันนั้น [완난] 그날

죄송하지만, 저는 안될 것 같아요.

ขอโทษ ครับ(/ค่ะ), แต่ ผม(/ดิฉัน) คง

죄송하지만, 시간이 없어요.

ขอโทษ ครับ(/ค่ะ), แต่ ไม่

죄송하지만, 일이 있어요.

ขอโทษ ครับ(/ค่ะ), แต่ มี

죄송하지만, 그날 이미 약속이 있어요.

ขอโทษ ครับ(/ค่ะ), แต่ วันนั้น ผม(/ดิฉัน)

감사하지만, 괜찮아요.

ขอบคุณ ครับ(/ค่ะ), แต่

질문 있어요!

Q. 다른 거절 표현들도 궁금해요!

거절 및 부정 표현에는 직접적인 표현과 간접적인 표현으로 나눌 수 있습니다. 직접적인 표현은 분명하고 단호한 의사를 전달하지만, 상대방에게 불쾌감을 줄 수 있으므로 신중하게 사용하는 것이 좋습니다. 반면, 간접적인 표현은 상대방의 감정을 배려하여 부드럽고 완곡한 방식으로 거절함으로써 상대방에게 더 좋은 인상을 줄 수 있습니다.

● 직접적 거절/부정 표현

마이차이 크랍 카
ไม่ใช่ ครับ(/ค่ะ)   아니에요.

마이 아오 크랍 카
ไม่ เอา ครับ(/ค่ะ)   원하지 않아요.

● 간접적 거절/부정 표현

커- 킫 두- 껀- 크랍 카
ขอ คิด ดู ก่อน ครับ(/ค่ะ)   우선 생각해 볼게요.

와이 크라-우나- 나
ไว้ คราวหน้า นะ   다음에 하자.

 **지식 플러스**

● **เสียดาย** : 아쉽다
문장 앞에 위치시켜 안타까운 마음을 나타낼 때 주로 사용합니다.

씨-아다-이 짱 르ㅓ-이 크랍 카 때- 콩짜 마이다이 크랍 카
เสียดาย จัง เลย ครับ(/ค่ะ), แต่ คงจะ ไม่ได้ ครับ(/ค่ะ)
정말 아쉽지만, 안 될 것 같아요.

감정 표현하기

🎧 01-35

자신의 감정을 표현할 때는 「(주어)＋동사(감정)」 구조를 활용하여 간단하게 다양한 감정을 나타낼 수 있습니다. 이때 주어는 생략 가능합니다.

★★★★★
핵심 표현

폼   디찬   씨‒아다‒이   크랍   카

ผม(/ดิฉัน) เสียดาย ครับ(/ค่ะ)

저는 아쉬워요.

단어를 바꿔서 표현해 보세요.

▫ **ดีใจ** [디‒짜이] 기쁘다

▫ **เสียใจ** [씨‒아짜이] 슬프다, 유감이다

▫ **กลัว** [끌루‒아] 무섭다

단어

เสียดาย [씨‒아다‒이]
아쉽다, 아깝다

Tip 자신의 감정에 대한 이유를 말하고 싶을 때는 「(주어)＋동사(감정)」 뒤에 **ที่**를 붙인 후, 이유를 말합니다.

(주어) + 동사(감정) + **ที่** + 이유

씨‒아다‒이 티‒ 마이다이 빠이 크랍   카

เสียดาย ที่ ไม่ได้ ไป ครับ(/ค่ะ)   (제가) 못 가서 아쉬워요.

ᵖᵒᵐ ᵈⁱᶜʰᵃⁿ ᵐⁱ⁻ᵏʰʷᵃᵐ⁻ˢᵘᵏ ᵏʰʳᵃᵖ ᵏʰᵃ
ผม(/ดิฉัน) มีความสุข ครับ(/ค่ะ)
저는 행복해요.

ᵏʰⁱᵗ ᵗʰᵘⁿᵍ ᵏʰᵘⁿ ᵏʰʳᵃᵖ ᵏʰᵃ
คิดถึง คุณ ครับ(/ค่ะ)
당신이 그리워요.

ᵈⁱ⁻ᶜʰᵃⁱ ᵗʰⁱ⁻ ᵈᵃⁱ ᶜʰᵉ⁻ ᵏʰᵘⁿ ᵏʰʳᵃᵖ ᵏʰᵃ
ดีใจ ที่ ได้ เจอ คุณ ครับ(/ค่ะ)
당신을 만나게 돼서 기뻐요.

> ● ได้+동사
> 상황에 따라 '~했다 (과거)'
> 또는 '~하게 되다 (가능성)'의
> 의미로 사용됩니다.

ᵗᵒᵏ ᶜʰᵃⁱ ᵗʰⁱ⁻ ᵈᵃⁱⁱⁿ ʳᵘ⁻ᵃⁿᵍ ⁿⁱ⁻ ᵏʰʳᵃᵖ ᵏʰᵃ
ตกใจ ที่ ได้ยิน เรื่อง นี้ ครับ(/ค่ะ)
이 소식을 알고 놀랐어요.

 **엿보기 단어**

มีความสุข [미-쾀-쑥] 행복하다
คิดถึง [킫틍] 그립다, 보고싶다
ดีใจ [디-짜이] 기쁘다

ตกใจ [똑짜이] 놀라다
ได้ยิน [다이인] 듣다, 들리다
เรื่อง [르-앙] 이야기, 사정

저는 아쉬워요.

ผม(/ดิฉัน)

저는 행복해요.

ผม(/ดิฉัน) มี

당신이 그리워요.

คิดถึง

당신을 만나게 돼서 기뻐요.

ดีใจ ที่ ได้ เจอ

이 소식을 알고 놀랐어요.

ตกใจ ที่ ได้ยิน

질문 있어요!

Q. 다양한 상황에서 쓸 수 있는 감탄사가 궁금해요.

감정을 표현할 때 감탄사를 같이 사용하면 더욱 풍부한 감정 상태를 나타낼 수 있습니다. 다양한 감탄사를 익혀보세요.

● 상황별 감탄사

โอ้โห [오-호-]	와! (놀랐을 때)	โอ้โห แพงมาก 와! 너무 비싸.
เย่ [예-]	오예! (기쁠 때)	เย่ ดีใจมาก 오예! 정말 기뻐.
แหม [매-]	이런! (실망이나 약간의 불만을 표현할 때)	แหม แค่นี้ก็ไม่ได้ 이런! 겨우 이런 것도 못 해.
เฮ้ย [흐ㅓ-이]	야! (동의하지 않음, 불만족스러움 등을 표현할 때)	เฮ้ย อย่าไปเชื่อ 야, 믿지 마.
อุ๊ย [우이]	어머!, 윽! (깜짝 놀라거나 아플 때, 주로 여성이 사용함)	อุ๊ย ตกใจหมดเลย 어머! 깜짝이야. อุ๊ย เจ็บ 윽! 아파.
เชอะ [츠ㅓ]	쳇! (빈정거림과 경멸을 표현할 때)	เชอะ งอนแล้ว 쳇! 삐졌어.

แหม

Unit 19

격려/위로하기

🎧 01-37

격려와 위로는 상대방에게 어려운 상황을 극복할 수 있는 자신감을 불어 넣어 주고 마음의 위안과 희망을 북돋워 줄 수 있습니다. 짧지만 다양한 격려와 위로의 표현을 익혀보세요.

핵심 표현

뻰 깜랑짜이 하이 크랍 카

เป็น กำลังใจ ให้ ครับ(/ค่ะ)

힘내세요! (직역: 내가 힘이 되어 줄게요!)

단어

เป็น [뻰] ~가 되다
กำลังใจ [깜랑짜이]
힘, 사기, 정신력
~ ให้ [하이] ~해 주다

ไม่ต้องกังวล

114 오늘부터 **한 줄** 태국어

쑤̂쑤- 크́랍 카̂

สู้ ๆ ครับ(/ค่ะ)

파이팅!

촉-디- 크́랍 카̂

โชคดี ครับ(/ค่ะ)

행운을 빌어요.

마̂이떵- 깡온

ไม่ต้อง กังวล

걱정하지 마.

툭́양- 짜 판̀- 빠̀이 두-아̂이디-

ทุกอย่าง จะ ผ่าน ไป ด้วยดี

다 잘 지나갈 거야.

 엿보기 단어

สู้ [쑤̂-] 싸우다
โชคดี [촉-디-] 행운
ไม่ต้อง ~ [마̂이떵-] ~지 않아도 되다
กังวล [깡온] 걱정하다

ทุกอย่าง [툭́양-] 모든 것
ผ่าน [판̀-] 지나다
ด้วยดี [두-아̂이디-] 잘, 제대로

힘내세요! (직역: 내가 힘이 되어 줄게요!)

เป็น กำลังใจ

파이팅!

สู้

행운을 빌어요.

โชค

걱정하지 마.

ไม่ต้อง

다 잘 지나갈 거야.

ทุกอย่าง จะ ผ่าน ไป

질문 있어요!

Q. 위로와 격려 이외에 축하할 때 쓸 수 있는 '축하 표현'도 궁금해요.

축하 인사는 상대방의 특별한 순간을 더욱 의미 있게 만들어 줍니다. 그 기쁨을 함께 나누고 마음을 전달하는 다양한 축하 표현들을 알아봅시다.

● 격식체

커- 싸댕- 콤-인디- 크랍 카
ขอ แสดง ความยินดี ครับ(/ค่ะ)　　　　　축하드립니다.

커- 싸댕- 콤-인디- 깝 쿤 크랍 카
ขอ แสดง ความยินดี กับ คุณ ครับ(/ค่ะ)　당신께 축하드립니다.

커- 싸댕- 콤-인디- 깝 깐-쫍깐- 쓱싸- 크랍 카
ขอ แสดง ความยินดี กับ การจบการศึกษา ครับ(/ค่ะ)
졸업 축하드립니다.

● 비격식체

인디- 두-아이 크랍 카
ยินดี ด้วย ครับ(/ค่ะ)　　　　　　　축하해요.

인디- 두-아이 티- 다이 응안- 마이 크랍 카
ยินดี ด้วย ที่ ได้ งาน ใหม่ ครับ(/ค่ะ)　새로운 직장 얻은 것을 축하해요.

인디- 두-아이 티- 쿤 썹- 판- 크랍 카
ยินดี ด้วย ที่ คุณ สอบ ผ่าน ครับ(/ค่ะ)　시험 합격한 걸 축하해요.

 엿보기 단어

แสดง [싸댕-] 표현하다, 나타내다	**งาน** [응안-] 일
ความยินดี [콤-인디-] 기쁨, 반가움	**ใหม่** [마이] 새롭다
การจบการศึกษา [깐-쫍깐-쓱싸-] 졸업	**สอบ** [썹-] 시험
ได้ [다이] 얻다	**ผ่าน** [판-] 통과하다

Unit 20

맞장구치기

🎧 01-39

상대와의 대화 중 적당한 맞장구는 대화의 흐름을 유연하게 만드는 데 도움을 줍니다.
특히 '**จริงหรือ**(진짜?)'라는 맞장구는 태국인들이 가장 많이 쓰는 추임새 중 하나로, 줄
여서 **หรือ**만 사용하기도 합니다.

핵심 표현

찡　　르-　　크랍　　카

จริง หรือ ครับ(/คะ)

진짜요?

단어

จริง [찡] 돕다
หรือ [르-] ~야? (의문형 어조사)

Tip
● 의문형 어조사
หรือ와 **ไหม**는 둘 다 질문을 만들 때 사용하는 의문형 어조사지만, 약간의 의미적 차이가 있습
니다.
⑴ **ไหม** : 사전 지식이 전혀 없을 때 사용합니다.
⑵ **หรือ** : 사전 지식이 있거나 어느 정도 예상이 될 때 사용합니다.

팟타이 좋아하세요?

ชอบ ผัดไทย ไหม ครับ(/คะ) [첩- 팟타이 마이 크랍(/카)] → 전혀 모르는 상태
ชอบ ผัดไทย หรือ ครับ(/คะ) [첩- 팟타이 르- 크랍(/카)] → 팟타이 먹는 모습을 보며

118　오늘부터 **한 줄** 태국어

_{난나씨}
นั่นน่ะสิ

그러게.

> น่ะ는 [나]가 아닌 [나]로
> 발음합니다.

_{양–난   러–   크랍   카}
อย่างนั้น หรอ ครับ(/คะ)

그래요?

> หรอ는 หรือ와 같은 뜻
> 의 의문형 어조사로, 구어
> 체에서 편한 발음을 위해
> หรือ 대신 사용합니다.

_{양–니–니–엥–}
อย่างนี้นี่เอง

그렇구나!

_{나–쏜짜이   막–   크랍   카}
น่าสนใจ มาก ครับ(/ค่ะ)

정말 흥미롭네요.

엿보기 단어

อย่างนั้น [양–난] 그렇게

น่าสนใจ [나–쏜짜이] 관심있다, 관심을 끌다

진짜요?

จริง

그러게.

นั่นน่ะ

그래요?

อย่างนั้น

그렇구나!

อย่างนี้

정말 흥미롭네요.

น่าสนใจ

질문 있어요!

Q. 자연스럽게 맞장구치는 방법이 있나요?

대화 중, 감탄사를 사용하여 상대방의 의견이나 감정에 동의한다는 추임새를 넣으면 친밀감도 높아지고 대화도 더 자연스러워집니다. 자주 쓰이는 감탄사를 활용한 추임새 표현을 익혀 보세요.

อ๋อ [어-]	아하! (문득 생각나거나 깨달았을 때)	อ๋อ อย่างนี้นี่เอง 아하! 그런 거구나!
อ๋อ [어-]	아 ~ (이해했을 때)	อ๋อ เข้าใจแล้ว 아~ 이해했어.
อ้าว [아-우]	그래? (의외이거나 의아함을 나타낼 때)	อ้าว จริงหรอ 그래? 진짜?
เออ [으-]	응 (상대방의 말에 동의할 때)	เออ โอเค 응. 알겠어.

주의/경고하기

🎧 01-41

주의와 경고를 표현할 때는 주로 명령문을 사용합니다. 명령문은 조동사나 어조사를 활용하거나 동사만 있는 문장 구조를 통해 표현할 수 있습니다. '**อย่า**(~하지 마라)' 뒤에 동사를 붙여 특정 행동을 금지할 수 있으나 너무 강한 어조로 들릴 수 있으므로 문장 끝에 **นะ**를 추가하여 부드럽고 완곡한 표현으로 말하는 것이 좋습니다.

핵심 표현

야-	름-	꾼째-	나	크랍	카

อย่า ลืม กุญแจ นะ ครับ(/คะ)

열쇠 잊지 마세요.

단어를 바꿔서 표현해 보세요.

- **มาสาย** [마-싸-이] 늦게 오다
- **นอนดึก** [넌-득] 늦게 자다
- **ร้องไห้** [렁-하이] 울다

단어

อย่า [야-] ~지 마라
ลืม [름-] 잊다
กุญแจ [꾼째-] 열쇠

ระวังครับ

야ー 나 크랍 카
อย่า นะ ครับ(/คะ)
하지 마세요.

라왕 크랍 카
ระวัง ครับ(/ค่ะ)
조심하세요.

윳 크랍 카
หยุด ครับ(/ค่ะ)
멈추세요.

안따라ー이 나 크랍 카
อันตราย นะ ครับ(/คะ)
위험해요.

 **엿보기 단어**

ระวัง [라왕] 주의하다, 조심하다   **อันตราย** [안따라ー이] 위험하다

หยุด [윳] 멈추다

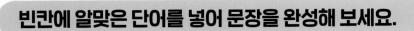

열쇠 잊지 마세요.

อย่า ลืม

하지 마세요.

อย่า

조심하세요.

ระ

멈추세요.

ห

위험해요.

อัน

질문 있어요!

Q. 조용히 하라는 말은 어떻게 하나요?

태국에서는 부드럽고 예의 있는 태도가 중요하므로, 상대방의 기분이 상하지 않도록 신중하게 표현하는 것이 좋습니다. 「**อย่า**＋동사＋(목적어)＋**นะ**」 구조를 활용하여 '~하지 마세요'라는 명령형 완곡 표현을 사용하거나 「**ช่วย**＋동사」 구조를 활용하여 '~해 주세요'라고 예의 바르게 요청할 수 있습니다.

야- 쏭 씨-양 당 나 크랍 카
อย่า ส่ง เสียง ดัง นะ ครับ(/ค่ะ)　　　　큰 소리 내지 마세요.

추-아이 푿- 바오바오 하이너-이 크랍 카
ช่วย พูด เบา ๆ ให้หน่อย ครับ(/ค่ะ)　　　작게 좀 말해 주세요.

 지식 플러스

● 쉿!

태국에서도 조용히 하라는 의미의 제스처가 있습니다. 한국의 '쉿!'처럼 검지를 입술에 대고 혀를 차는 소리인 '**จุ๊ ๆ** [쭈쭈]'를 사용합니다. 이 표현은 주로 친근한 분위기에서 조용히 해달라고 요청할 때 쓰이며, 일반적으로 부드럽고 친근한 방식으로 사용됩니다.

시간 묻고 답하기

🎧 01-43

시간을 물어볼 때는 '몇 시'라는 의미를 가진 **กี่โมง**를 활용하여 질문할 수 있습니다. 문장 뒤에 정중함을 나타내는 존대 어조사인 **ครับ(/ค่ะ)**를 생략하면 친한 사이에서 사용하는 반말이 됩니다.

 핵심 표현

떤-니- 끼- 몽- 래-우 크랍 카

ตอนนี้ กี่ โมง แล้ว ครับ(/คะ)

지금 몇 시예요?

단어

ตอนนี้ [떤-니-] 지금
โมง [몽-] 시

 Tip

● **แล้ว** : ~했다, 이미

시간을 묻거나 답할 때는 '이미 ~시가 되었다'라는 의미로, 완료를 나타내는 **แล้ว**를 사용하여 자연스럽게 표현할 수 있습니다. 그러나 생략하더라도 의미 전달에는 큰 문제가 없습니다.

떤-니- 씨- 몽- 래-우 크랍 카
ตอนนี้ 4 โมง แล้ว ครับ(/ค่ะ)

지금은 4시예요.

떤-니- 하- 몽- 쌈-씹 나-티- 래-우 크랍 카
ตอนนี้ 5 โมง 30 นาที แล้ว ครับ(/ค่ะ)

지금은 5시 30분이에요.

> 30분은 '반'이라는 뜻의 ครึ่ง[크릉]으로도 표현할 수 있습니다.

짜 차이웨-라- 끼- 추-아몽- 크랍 카
จะ ใช้เวลา กี่ ชั่วโมง ครับ(/คะ)

몇 시간 걸려요?

짜 차이웨-라- 쌈- 추-아몽- 크랍 카
จะ ใช้เวลา 3 ชั่วโมง ครับ(/ค่ะ)

3시간 걸려요.

 **엿보기 단어**

นาที [나-티-] 분
ใช้เวลา [차이웨-라-] 시간이 걸리다

ชั่วโมง [추-아몽-] 시간을 세는 단위 (1시간, 2시간 등)

지금 몇 시예요?

ตอนนี้ กี่

지금은 4시예요.

ตอนนี้ 4

지금은 5시 30분이에요

ตอนนี้ 5 โมง 30

몇 시간 걸려요?

จะ ใช้เวลา กี่

3시간 걸려요.

จะ ใช้เวลา 3

질문 있어요!

Q. 시계 읽는 방법이 궁금해요.

태국어는 시간대별로 읽는 방법이 조금씩 다릅니다. 특히 시계를 읽을 때는 '아침, 낮, 저녁' 등의 단어를 앞에 넣어서 말합니다.

36p. 시간 참고

● 오전 : 자정~아침 11시

เที่ยงคืน [티̂앙큰]	자정
ตีหนึ่ง [띠-능̀]	새벽 1시
ตีสอง [띠-썽̌-]	새벽 2시
ตีสาม [띠-쌈̌-]	새벽 3시
ตีสี่ [띠-씨̀-]	새벽 4시
ตีห้า [띠-하̂]	새벽 5시
หกโมงเช้า [혹몽-차오]	아침 6시
เจ็ดโมงเช้า [쩯몽-차오]	아침 7시
แปดโมงเช้า [빼̀-몽-차오]	아침 8시
เก้าโมงเช้า [까오몽-차오]	아침 9시
สิบโมงเช้า [씹몽-차오]	아침 10시
สิบเอ็ดโมงเช้า [씹엗몽-차오]	아침 11시

● 오후 : 정오~밤 11시

เที่ยง(วัน) [티̂앙(완)]	정오
บ่าย(หนึ่ง)โมง [바̀-이(능̀)몽]	낮 1시
บ่ายสอง(โมง) [바̀-이썽̌-(몽-)]	낮 2시
บ่ายสาม(โมง) [바̀-이쌈̌-(몽-)]	낮 3시
สี่โมงเย็น [씨̀-몽-옌]	저녁 4시
ห้าโมงเย็น [하̂-몽-옌]	저녁 5시
หกโมงเย็น [혹몽-옌]	저녁 6시
หนึ่งทุ่ม [능̀툼̀]	밤 7시
สองทุ่ม [썽̌-툼̀]	밤 8시
สามทุ่ม [쌈̌-툼̀]	밤 9시
สี่ทุ่ม [씨̀-툼̀]	밤 10시
ห้าทุ่ม [하̂-툼̀]	밤 11시

날짜/요일 표현하기

🎧 01-45

날짜나 요일에 관련된 표현은 일상생활에서 자주 쓰이는 표현 중 하나입니다. 태국어
는 '일-월-연도'의 순서로 말합니다.

핵심 표현

완니- 완 아 라이 크랍 카
วันนี้ วัน อะไร ครับ(/คะ)

오늘 무슨 요일이에요?

단어

วัน [완] 날, 일

Tip

● วันอะไร

'무슨 날이야?'라는 뜻으로, 오늘이 무슨 요일인지 물을 때 사용하기도 하지만, 특별한 날이나 기
념일을 물을 때도 쓰입니다. 문맥에 따라 의미가 달라질 수 있으므로, 상대방이 요일을 묻는 것
인지, 아니면 특별한 날을 묻는 것인지 상황을 잘 파악하는 것이 중요합니다.

완니- 완 아 라이 카
A: **วันนี้ วัน อะไร คะ**   오늘 무슨 날이에요?

완니- 완끄ㅓ-ㄷ 컹- 폼 크랍
B: **วันนี้ วันเกิด ของ ผม ครับ**   오늘 제 생일이에요.

완니–   완짠   크랍   카
วันนี้ วันจันทร์ ครับ(/ค่ะ)

오늘은 월요일이에요.

완니–   완   티–타오라이   크랍   카
วันนี้ วัน ที่เท่าไร ครับ(/คะ)

오늘은 며칠이에요?

> 태국어에서는 날짜를 물어볼 때
> '몇 번째 날'인지를 묻습니다.
>
> 며칠이에요?
> = 몇 번째 날이에요?

드–안 니– 드–안 아라이 크랍   카
เดือน นี้ เดือน อะไร ครับ(/คะ)

이번 달은 몇 월이에요?

드–안 니– 드–안 마까라–콤 크랍   카
เดือน นี้ เดือน มกราคม ครับ(/ค่ะ)

이번 달은 1월이에요.

＊ มกราคม은 [목까라–콤]으로 발음하기도 합니다.

 **엿보기 단어**

วันจันทร์ [완짠] 월요일   **มกราคม** [마까라–콤] 1월
เดือน [드–안] 월

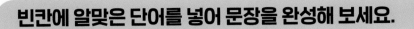
오늘 무슨 요일이에요?

วันนี้ วัน

오늘은 월요일이에요.

วันนี้ วัน ครับ(/ค่ะ)

오늘은 며칠이에요?

วันนี้ วัน

이번 달은 몇 월이에요?

เดือน นี้ เดือน

이번 달은 1월이에요.

เดือน นี้ เดือน

질문 있어요!

Q. 태국도 서기를 사용하나요?

태국은 서기(ค.ศ.)와 불기(พ.ศ.)를 모두 사용합니다. 일상생활에서는 한국처럼 '서기'를 사용하지만, 공식적인 자리나 문서에는 주로 '불기'를 사용합니다. 불기는 서기에 543년을 더한 값으로 현재가 2025년이라면 불기로는 2568년이 됩니다.

＊ 서기 (ค.ศ.) : 예수 그리스도의 탄생 기준
＊ 불기 (พ.ศ.) : 석가모니의 탄생 기준

연도를 물어볼 때는 '몇 년도?'를 의미하는 ปีอะไร를 활용하며, 답변은 「ปี＋숫자 : ~번째」 구조를 활용하여 간단하게 표현할 수 있습니다.

삐– 니– 삐– 아라이 크랍   카
A: ปี นี้ ปี อะไร ครับ(/คะ)   올해가 몇 년도인가요?

삐– 니– 삐– 썽–판이–씹하– 크랍   카
B: ปี นี้ ปี 2025 ครับ(/ค่ะ)   올해는 2025년이에요.

삐– 니– 퍼–써– 썽–판하–러–이혹 씹뺏– 크랍   카
ปี นี้ พ.ศ. 2568 ครับ(/ค่ะ)   올해는 불기 2568년이에요.

 **지식 플러스**

● 서기와 불기의 약자와 발음
  (1) 서기 : **คริสตศักราช** [크릳따싹까랃–] = **ค.ศ.** [커–써–]
  (2) 불기 : **พุทธศักราช** [푿타싹까랃–] = **พ.ศ.** [퍼–써–]

명절/기념일 축하하기

🎧 01-47

명절과 기념일에는 행복과 건강을 기원하는 축언이 빠질 수 없습니다. **ขอให้**를 활용하여 기념일에 가장 자주 쓰이는 축하 표현으로 **ขอให้มีความสุข**이 있습니다. 이외에도 명절과 기념일에 사용할 수 있는 다양한 축하 표현을 익혀보세요.

⭐⭐⭐⭐

핵심 표현

커-하이   미-쾀-쑥   크랍   카

ขอให้ มีความสุข ครับ(/ค่ะ)

행복하시길 바랍니다.

단어를 바꿔서 표현해 보세요.

▫ **สุขภาพแข็งแรง** [쑥카팝-캥랭-] 건강하다

▫ **ประสบความสำเร็จ** [쁘라쏩쾀-쌈렏] 성공하다

단어

ขอให้ [커-하이]
바라다, 원하다, 축원하다

มีความสุข [미-쾀-쑥]
행복하다

ㅅ쑥싼ㅅ   완끄ㅓ-ㄷ   ㅋ랍   카
สุขสันต์ วันเกิด ครับ(/ค่ะ)

생일 축하해요! (직역: 행복한 생일)

※ สุขสันต์은 주로 기념일에만 사용하는 축하 표현입니다.

ㅅ쑥싼ㅅ   완   ㅅ쏭끄란-   ㅋ랍   카
สุขสันต์ วัน สงกรานต์ ครับ(/ค่ะ)

행복한 송끄란입니다.

ㅅ쑥싼ㅅ   완   러-이끄라통   ㅋ랍   카
สุขสันต์ วัน ลอยกระทง ครับ(/ค่ะ)

행복한 로이끄라통날입니다.

ㅅ싸왓디-   삐-마이   ㅋ랍   카
สวัสดี ปีใหม่ ครับ(/ค่ะ)

새해 복 많이 받으세요. (직역: 안녕 새해)

 엿보기 단어

สุขสันต์ [ㅅ쑥싼ㅅ] 행복하다
สงกรานต์ [ㅅ쏭끄란-] 태국식 새해

ลอยกระทง [러-이끄라통] 로이끄라통 (태국 명절 중 하나)
ปีใหม่ [삐-마이] 새해

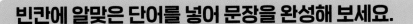
행복하시길 바랍니다.

ขอให้ มี

생일 축하해요! (직역: 행복한 생일)

สุขสันต์ วัน

행복한 송끄란입니다.

สุขสันต์ วัน

행복한 로이끄라통날입니다.

สุขสันต์ วัน

새해 복 많이 받으세요. (직역: 안녕 새해)

สวัสดี ปี

질문 있어요!

Q. 태국에도 축제가 있나요?

태국에는 2가지 큰 축제가 있습니다. 태국에서 가장 중요한 문화 행사로 전 국민이 함께 즐기며 기념하는 특별한 날을 알아봅시다.

● 송끄란 (สงกรานต์)

태국식 설날을 기념하는 물 축제입니다. 송끄란은 산스크리트어로 '이동'이란 의미로, 태양이 물고기 자리에서 양자리로 이동하며 1년 동안 한 바퀴를 다 돌았다고 생각하여 새해를 맞이하게 된 데서 유래했습니다. 매년 4월 13일~15일을 공휴일로 지정하여 민족 대명절의 역할을 하고 있습니다. 태국에서 가장 더운 4월에 열리기 때문에 물을 뿌리며 더위를 식히고 즐기는 물 축제로 이제는 전 세계적으로 유명한 대표 축제 중 하나입니다.

* 송끄란에 하는 활동들

- 아침에 스님께 음식 보시
- 모래 탑 쌓기
- 불상 또는 스님께 물 뿌리는 축수식
- 물놀이

● 로이끄라통 (ลอยกระทง)

11월에 열리는 연꽃 모양의 배 띄우기 축제입니다. 강의 여신에게 감사와 사죄를 표하는 날로, 전통적으로 바나나 나무의 잎으로 만든 작은 배를 강에 띄웁니다. 최근에는 빵으로 만든 배를 사용하기도 합니다. 음력 12월 보름에 해당하며 보통 양력 기준으로 11월에 열립니다. 공휴일은 아니지만, 저녁에 사람들이 강에 배를 띄우며 즐기는 전통 행사 중 하나입니다.

Unit 1. 위치 묻기
Unit 2. 길 묻기
Unit 3. SIM Card 구매하기
Unit 4. 택시 타기
Unit 5. 대중교통 이용하기
Unit 6. 렌터카/전동기 이용하기
Unit 7. 호텔 체크인/아웃 하기
Unit 8. 호텔 이용하기
Unit 9. 음식점 1 (예약하기)
Unit 10. 음식점 2 (주문하기)
Unit 11. 음식점 3 (요청하기)
Unit 12. 음식점 4 (계산하기)

Unit 13. 편의점 이용하기
Unit 14. 패스트푸드점/카페 이용하기
Unit 15. 쇼핑하기 1
Unit 16. 쇼핑하기 2
Unit 17. 교환/환불하기
Unit 18. 마사지 받기
Unit 19. 관광하기
Unit 20. 관광 시 주의사항
Unit 21. 병원/약국 이용하기
Unit 22. 위급상황 표현하기
Unit 23. 공항 1 (체크인)
Unit 24. 공항 2 (기내에서)

Part ②

생활 표현
익히기

Unit 01

위치 묻기

🎧 02-01

위치를 묻는 표현은 여행 중 가장 많이 쓰는 표현 중 하나입니다. 위치를 물어볼 때는
'**~ อยู่ที่ไหน**(~은 어디에 있나요?)'라는 표현을 활용합니다. **อยู่ที่ไหน** 앞에 찾는 장소
나 물건 등을 넣어 위치를 물어볼 수 있습니다.

★★★★
핵심 표현

형–남   유– 티– 나̌이   크랍   카̌

ห้องน้ำ อยู่ ที่ ไหน ครับ(/คะ)

화장실은 어디에 있나요?

단어를 바꿔서 표현해 보세요.

▫ **คุณ** [쿤] 당신

▫ **รถ** [롣] 자동차

▫ **ตู้เอทีเอ็ม** [뚜̂-에-티-엠] ATM

단어

ห้องน้ำ [형–남̂] 화장실
อยู่ [유̂] 있다
ที่ [티̂-] ~에

Tip

● 유료 화장실
태국의 공원 및 외부 화장실은 유료인 경우가 많습니다. 보통 5~10밧
정도이므로 동전을 미리 준비해 두는 것이 좋습니다.

헝-남　유-　뜨롱나이　크랍　카
ห้องน้ำ อยู่ ตรงไหน ครับ(/คะ)

화장실이 어디에 있나요?

ตรงไหน는 ที่ไหน 보다
더 구체적이고 좁은 범위를
물어볼 때 사용합니다.

쭏큰롣택씨-　유-　찬　나이　크랍　카
จุดขึ้นรถแท็กซี่ อยู่ ชั้น ไหน ครับ(/คะ)

택시 승강장이 몇 층에 있나요?

태-우니-　미-　란-아-한-　마이　크랍　카
แถวนี้ มี ร้านอาหาร ไหม ครับ(/คะ)

근처에 식당이 있나요?

뚜-에-티-엠　유-　끌라이　짝-　티-니-　마이　크랍　카
ตู้เอทีเอ็ม อยู่ ไกล จาก ที่นี่ ไหม ครับ(/คะ)

ATM은 여기에서 멀리 있나요?

* ใกล้ กับ ที่นี่ ไหม ครับ(/คะ) [끌라이 깝 티-니- 마이 크랍(/카)]
여기에서 가깝나요?

엿보기 단어

ตรงไหน [뜨롱나이] 어디
จุดขึ้นรถแท็กซี่ [쭏큰롣택씨-] 택시 승강장
ชั้น [찬] 층
ไหน [나이] 어느
ข้าง [캉-] 옆

แถวนี้ [태-우니-] 이 근처에
ร้านอาหาร [란-아-한-] 식당
ไกล [끌라이] 멀다
จาก [짝-] ~로부터

빈 칸에 다양한 어휘를 넣어 보세요.

① _____ (이/가) 어디에 있나요?

_____ อยู่ ตรงไหน ครับ(/คะ)

┈▶ **บันได** [반다이] 계단
　　บันไดเลื่อน [반다이르-안] 에스컬레이터
　　โซนอาหาร [쏜-아-한-] 푸드코트

② _____ (이/가) 몇 층에 있나요?

_____ อยู่ ชั้น ไหน ครับ(/คะ)

┈▶ **ธนาคาร** [타나-칸-] 은행
　　ร้านขายยา [란-카-이야-] 약국
　　ร้านกาแฟ [란-까-패-(f)] 카페

③ 근처에 _____ (이/가) 있나요?

แถวนี้ มี _____ ไหม ครับ(/คะ)

┈▶ **ถังขยะ** [탕카야] 쓰레기통
　　ร้านแลกเงิน [란-랙-응언] 환전소
　　ร้านขายซิม [란-카-이씸] 유심 가게

쭏큰롣택씨- 유- 찬 나이 크랍 카
จุดขึ้นรถแท็กซี่ อยู่ ชั้น ไหน ครับ(/คะ)
택시 승강장이 몇 층에 있나요?

유- 찬 쌈- 크랍 카
➡ **อยู่ ชั้น 3 ครับ(/ค่ะ)**　　　　　　　3층에 있습니다.

유- 찬따이딘 크랍 카
➡ **อยู่ ชั้นใต้ดิน ครับ(/ค่ะ)**　　　　　지하층에 있습니다.

뚜-에-티-엠 유- 끌라이 짝- 티-니- 마이 크랍 카
ตู้เอทีเอ็ม อยู่ ไกล จาก ที่นี่ ไหม ครับ(/คะ)
ATM은 여기에서 멀리 있나요?

끌라이 크랍 카
➡ **ไกล ครับ(/ค่ะ)**　　　　　　　　　네.

마이 끌라이 크랍 카 유- 뜨롱난 크랍 카
➡ **ไม่ ไกล ครับ(/ค่ะ). อยู่ ตรงนั้น ครับ(/ค่ะ)** 아니요. 저기에 있어요.

Unit 02

길 묻기

🎧 02-03

원하는 장소로 가는 구체적인 방법을 질문할 때는 **อย่างไร**를 활용할 수 있습니다. 「**ไป**＋(장소)＋**อย่างไร** : ～에 어떻게 가나요?」 구조를 활용한 다양한 길 묻기 표현을 익혀보세요.

핵심 표현

빠이	딸랏-	짜뚜짝	양-라이	크랍	카

ไป ตลาด จตุจักร อย่างไร ครับ(/คะ)

짜뚜짝 시장에 어떻게 가나요?

단어를 바꿔서 표현해 보세요.

▫ **จ๊อดแฟร์** [쩟-패-(f)] 조드페어

▫ **เทอร์มินอล 21** [트ㅓ-미느ㅓ-우이-씹엔] 터미널 21

▫ **สยามพารากอน** [싸얌-파-라-껀-] 시암 파라곤

▫ **โรงพยาบาลกรุงเทพ** [롱-파야-반-끄룽텝-] 방콕 병원

단어

ไป [빠이] 가다
ตลาด [딸랏-] 시장
อย่างไร [양-라이] 어떻게

Tip ● 짜뚜짝 시장

짜뚜짝 시장은 태국 방콕에 있는 주말 시장으로, 세계에서 가장 큰 야외 시장 중 하나입니다. 수천 개의 상점이 모여 있으며 의류, 액세서리, 태국 음식 등 없는 게 없다고 할 정도로 다양한 물건을 판매합니다. 평일에는 야시장으로 운영하기도 합니다.

응용 표현 익히기 🎧 02-04

낭 롣메- 빠이 다이마이 크랍 카
นั่ง รถเมล์ ไป ได้ไหม ครับ(/คะ)

버스 타고 갈 수 있나요?

약- 빠이 티-니- 크랍 카
อยาก ไป ที่นี่ ครับ(/ค่ะ)

(지도를 가리키며) 여기에 가고 싶어요.

싸타-니- 끌라이 티-쑫 유- 티-나이 크랍 카
สถานี ใกล้ ที่สุด อยู่ ที่ไหน ครับ(/คะ)

가장 가까운 역은 어디에 있나요?

차이웨-라- 타오라이 크랍 카
ใช้เวลา เท่าไร ครับ(/คะ)

얼마나 걸리나요?

 엿보기 단어

นั่ง [낭] 앉다
รถเมล์ [롣메-] 버스
อยาก ~ [약-] ~고 싶다
ที่นี่ [티-니-] 이곳, 여기
สถานี [싸타-니-] 역

ใกล้ [끌라이] 가깝다
ที่สุด [티-쑫] 가장, 제일
ใช้เวลา [차이웨-라-] 시간이 걸리다
เท่าไร [타오라이] 얼마

1 _____ (을/를) 타고 갈 수 있나요?

นั่ง _____ ไป ได้ไหม ครับ(/คะ)

↳ รถแท็กซี่ [롣택씨-] 택시
  รถไฟใต้ดิน [롣파이(f)따이딘] 지하철
  รถมอเตอร์ไซค์ [롣머-뜨ㅓ-싸이] 오토바이

2 _____ 에 가고 싶어요.

อยาก ไป _____ ครับ(/ค่ะ)

↳ ห้าง [항-] 백화점
  ร้านอาหาร [란-아-한-] 식당
  โรงพยาบาล [롱-파야-반-] 병원

3 가장 가까운 _____ (이) 어디에 있나요?

_____ ใกล้ ที่สุด อยู่ ที่ไหน ครับ(/คะ)

↳ สถานี BTS [싸타-니- 비- 티-에-쓰] BTS역 (지상철)
  สถานี MRT [싸타-니- 엠아-티-] MRT역 (지하철)
  ป้าย รถเมล์ [빠-이 롣메-] 버스정류장

빠이 딸랏– 짜뚜짝 양–라이 크랍 카
ไป ตลาด จตุจักร อย่างไร ครับ(/คะ)
짜뚜짝 시장에 어떻게 가나요?

드어ㄴ– 뜨롱빠이 크랍 카
➡ **เดินตรงไป ครับ(/ค่ะ)**   직진하세요.

땀– 마– 크랍 카
➡ **ตาม มา ครับ(/ค่ะ)**   따라오세요.

차이웨–라– 타오라이 크랍 카
ใช้เวลา เท่าไร ครับ(/คะ)
얼마나 걸리나요?

마이끌라이 크랍 카 하– 나–티– 크랍 카
➡ **ไม่ไกล ครับ(/ค่ะ). 5 นาที ครับ(/ค่ะ)**   멀지 않아요. 5분 걸려요.

쁘라만– 쌈–씹 나–티– 크랍 카
➡ **ประมาณ 30 นาที ครับ(/ค่ะ)**   대략 30분 정도 걸려요.

길 안내 표현

길 안내 표현 중 가장 많이 쓰이는 표현들을 익혀보세요.

● 위치 표현

> 유– 티–나이
> **장소 + อยู่ ที่ไหน** : (장소)는 어디에 있나요?

유– 뜨롱캄– **อยู่ ตรงข้าม** 맞은편에 있어요.	유– 캉캉– **อยู่ ข้าง ๆ** 옆에 있어요.
유– 싸–이므– **อยู่ ซ้ายมือ** 왼쪽에 있어요.	유– 콰–므– **อยู่ ขวามือ** 오른쪽에 있어요.

● 방향 표현

> 빠이 양–라이
> **ไป + 장소 + อย่างไร** : (장소)는 어떻게 가나요?

드ㅓㄴ– 뜨롱빠이 **เดิน ตรงไป** 곧장 가세요. (= 직진하세요.)	판– 빠이 **ผ่าน + 장소 + ไป** (장소)를 지나쳐 가세요.
리–아우싸–이 **เลี้ยวซ้าย** 좌회전하세요.	리–아우콰– **เลี้ยวขวา** 우회전하세요.

태국의 거리명

태국에서는 길을 설명할 때 주로 거리명이나 골목명을 사용합니다. 택시를 탈 때도 거리명만 말하면 기사님이 쉽게 이해할 수 있으므로, 여행 전에 거리명과 골목명을 알아두면 길 찾기나 길을 설명할 때 편리합니다.

● 거리명 말하기

타논 쑤쿰윈

ถนน + 거리 이름 ➡ ถนน สุขุมวิท 수쿰윗 거리

● 골목명 말하기

써-이 쑤쿰윈 이-씹엣

ซอย + 골목 이름 + 번호 ➡ ซอย สุขุมวิท 21 수쿰윗 21번 골목

ซอยอารีย์
아리 골목

카오산 거리　　　　　　　수쿰윗 26번

표지판은 대부분 태국어와 영어가 함께 쓰이지만, 시골 지역에서는 태국어만 표기된 경우도 있으므로, 관련 단어들을 미리 익혀두는 것이 좋습니다. **ถนน**은 **ถ**.으로, **ซอย**는 **ซ**.으로 축약해서 쓰이기도 합니다.

태국어와 영어가 함께 쓰여 있는 간판들

태국어로만 쓰여 있는 간판들

SIM Card 구매하기

🎧 02-05

태국에서 유학이나 한 달 살기 등 장기 거주를 계획할 경우에는 현지에서 유심칩을 구입하는 것이 더 편리합니다. 필요한 기간에 맞춰 구매 의사를 표현해 보세요.

핵심 표현

쏜짜이   쓰-   씸깐-   능   드-안   크랍   카

สนใจ ซื้อ ซิมการ์ด 1 เดือน ครับ(/ค่ะ)

한 달 동안 사용할 유심을 사고 싶어요.

단어를 바꿔서 표현해 보세요.   `34p. 숫자 참고`

- **3 วัน** [쌈- 완] 3일
- **2 สัปดาห์** [썽- 쌉다-] 2주
- **6 เดือน** [혹 드-안] 6개월
- **1 ปี** [능 삐-] 1년

단어

สนใจ [쏜짜이] 관심 있다
ซื้อ [쓰-] 사다
ซิมการ์ด [씸깐-]
SIM 카드, 유심칩
เดือน [드-안] 월, 개월

Tip ● 유심 구매 시, 주의사항

태국에서 유심을 구매할 때는 실물 여권을 제시해야 합니다. 학생이라면 더 저렴하게 살 수 있는 프로모션이 있을 수 있으므로 학생증을 함께 가져가는 것이 좋습니다.

씸 니- 차이 다이 끼- 완 크랍 카
ซิม นี้ ใช้ ได้ กี่ วัน ครับ(/คะ)

이 유심은 며칠 동안 사용할 수 있나요?

드-안 라 쌈-러-이 받- 크랍 카
เดือน ละ 300 บาท ครับ(/ค่ะ)

개월당 300밧입니다.

씸 니- 루-암 버-리깐- 넫 마이짬깓 마이 크랍 카
ซิม นี้ รวม บริการ เน็ต ไม่จำกัด ไหม ครับ(/คะ)

이 유심에 무제한 인터넷 서비스가 포함되어 있나요?

미- 쁘로- 마이 크랍 카
มี โปร ไหม ครับ(/คะ)

프로모션이 있나요?

 엿보기 단어

ใช้ [차이] 사용하다
กี่ [끼-] 몇
เน็ต [넫] 인터넷
รวม [루-암] 포함하다

บริการ [버-리깐-] 서비스
จำกัด [짬깓] 제한하다
ไม่จำกัด [마이짬깓] 무제한
โปร [쁘로-] 프로모션

빈 칸에 다양한 어휘를 넣어 보세요.

① 이 유심은 ＿＿＿＿＿＿＿＿ 동안 사용할 수 있나요?

ซิม นี้ ใช้ ได้ ＿＿＿＿＿＿＿ ครับ(/คะ)

┈┈→ กี่ สัปดาห์ [끼–쌉다–] 몇 주
  กี่ เดือน [끼–드–안] 몇 개월
  กี่ ปี [끼–삐–] 몇 년

② ＿＿＿＿＿＿＿＿ 300밧입니다.

＿＿＿＿＿＿＿＿ 300 บาท ครับ(/ค่ะ)

┈┈→ วัน ละ [완라] 일당
  สัปดาห์ ละ [쌉다–라] 주당
  ปี ละ [삐–라] 연당

③ 이 유심에 ＿＿＿＿＿＿＿＿ (이/가) 포함되어 있나요?

ซิม นี้ รวม ＿＿＿＿＿＿＿ ไหม ครับ(/คะ)

┈┈→ การ ใช้งาน 5G [깐–차이 응안– 하–찌–] 5G 사용
  ค่า โทร [카–토–] 전화 요금
  บริการ ส่ง ข้อความ [버–리깐– 쏭 커–쾀–] 문자 서비스

질문과 답변은 어떤 것들이 있을까요?

싸้ม 니- 차이 다้이 끼่- 완 크랍 카้
ซิม นี้ ใช้ ได้ กี่ วัน ครับ(/คะ)

이 유심은 며칠 동안 사용할 수 있나요?

싸้ม- 완 크랍 카่
➡ **3 วัน ครับ(/ค่ะ)**　　　　　　　　　　　3일이요.

씹 완 크랍 카่
➡ **10 วัน ครับ(/ค่ะ)**　　　　　　　　　　10일이요.

싸้ม 니- 라-카- 드-안 라 타오라이 크랍 카้
ซิม นี้ ราคา เดือน ละ เท่าไร ครับ(/คะ)

이 유심은 월에 얼마예요?

드-안 라 싸้ม-러้-이 받- 크랍 카่
➡ **เดือน ละ 300 บาท ครับ(/ค่ะ)**　　　개월당 300밧입니다.

드-안 라 혹러้-이 받- 크랍 카่
➡ **เดือน ละ 600 บาท ครับ(/ค่ะ)**　　　개월당 600밧입니다.

택시 타기

🎧 02-07

여행객들은 태국의 더운 날씨로 인해 이동할 때 주로 택시를 이용합니다. 목적지를 말할 때는 '~으로 가 주세요'라는 의미인 「ไป + 목적지 + ครับ(/ค่ะ)」 구조를 활용할 수 있습니다. 만약 목적지가 카페나 식당이라면 가게 이름보다 골목 이름을 말하는 것이 더 효과적입니다.

149p. 거리명 참고

 핵심 표현

빠이　써ー이　　쑤쿰윗　이ー씹엣　크랍　카
ไป ซอย สุขุมวิท 21 ครับ(/ค่ะ)

수쿰윗 21번 골목으로 가 주세요.

단어를 바꿔서 표현해 보세요.

- ซอย อารีย์ 3 [써ー이 아ー리ー쌈ー] 아리 3번 골목
- ถนน ข้าวสาร [타논 카ー우싼ー] 카오산 거리
- สยาม เซ็นเตอร์ [싸얌ー 쎈뜨ㅓー] 시암 센터
- สวน ลุมพินี [쑤ー안 룸피니ー] 룸피니 공원

단어

ซอย [써ー이] 골목, 작은 거리

 Tip　● 택시 앱

그랩(Grab)이나 볼트(Bolt)와 같은 택시 앱을 사용하면 실시간으로 택시 위치를 확인할 수 있으므로, 대기 시간 없이 바로 탑승할 수 있습니다. 또한, 목적지를 미리 설정하고 거리당 금액을 계산해서 알려주기 때문에 미터기에 대한 걱정 없이 정확하게 요금을 지불할 수 있습니다.

추-아이 파 빠이 땀- 티-유- 티-니- 너-이 크랍 카
ช่วย พา ไป ตาม ที่อยู่ ที่นี่ หน่อย ครับ(/ค่ะ)
여기 주소로 좀 가 주세요.

꽈-짜 틍 티-난 떵- 차이웨-라- 타오라이 크랍 카
กว่าจะ ถึง ที่นั่น ต้อง ใช้เวลา เท่าไร ครับ(/คะ)
거기까지 얼마나 걸려요?

추-아이 트- 끄라빠오 하히너-이 크랍 카
ช่วย ถือ กระเป๋า ให้หน่อย ครับ(/ค่ะ)
가방 좀 들어 주세요.

쩐- 티-니- 하이너-이 크랍 카
จอด ที่นี่ ให้หน่อย ครับ(/ค่ะ)
여기에 좀 세워 주세요.

 엿보기 단어

พา [파] 동반하다, 이끌다
ตาม [땀-] ~를 따라
ที่อยู่ [티-유-] 주소
กว่าจะ ~ [꽈-짜] ~하기까지
ถึง [틍] 도착하다

ช่วย [추-아이] ~해 주세요
ถือ [트-] 들다
กระเป๋า [끄라빠오] 가방
~ให้หน่อย [하이너-이] ~ 좀 해 주세요
จอด [쩐-] 주차하다, (차를) 대다

빈 칸에 다양한 어휘를 넣어 보세요.

1 _____ 좀 (해) 주세요.

ช่วย [████████████] หน่อย ครับ(/ค่ะ)

⤷ **เปิด ท้ายรถ** [쁘ㅓ-ㄷ 타-이롣] 트렁크를 열다
เอา กระเป๋า ขึ้น รถ [아오 끄라빠오 큰 롣] 가방을 차에 싣다
รีบ ไป [맆- 빠이] 서둘러 가다
ไป ทาง ที่ ใกล้ ที่สุด [빠이 탕- 티- 끌라이 티-쑫] 가장 가까운 길로 가다

2 _____ 에 좀 세워 주세요.

จอด [████████] ให้หน่อย ครับ(/ค่ะ)

⤷ **ที่นั่น** [티-난] 저기
ข้าง สถานี [캉- 싸타-니-] 역 앞
ตึก นั้น [뜩 난] 저 건물
หน้า ร้าน [나- 란-] 가게

추-아이 파- 빠이 땀- 티-유- 티-니- 너-이 크랍 카

ช่วย พา ไป ตาม ที่อยู่ ที่นี่ หน่อย ครับ(/ค่ะ)

여기 주소로 좀 가 주세요.

다이 크랍 카

➡ ได้ ครับ(/ค่ะ)　　　　　　　　　　네.

마이 빠이 크랍 카

➡ ไม่ ไป ครับ(/ค่ะ)　　　　　　　　안 가요.

꽈-짜 틍 티-난 떵- 차이웨-라- 타오라이 크랍 카

กว่าจะ ถึง ที่นั่น ต้อง ใช้เวลา เท่าไร ครับ(/คะ)

거기까지 얼마나 걸려요?

빠이 익- 씹 나-티- 꺼 틍 크랍 카

➡ ไป อีก 10 นาที ก็ ถึง ครับ(/ค่ะ)　　10분이면 도착합니다.

떵- 차이웨-라- 쌈-씹 나-티- 꽈꽈- 크랍 카

➡ ต้อง ใช้เวลา 30 นาที กว่า ๆ ครับ(/ค่ะ)　30분 조금 넘게 걸립니다.

Unit 05

대중교통 이용하기

🎧 02-09

태국의 대중교통에는 버스, 지하철, 송태우 등이 있습니다. 송태우를 탈 때는 정류장이 정해져 있지 않은 경우가 많으므로 현지인에게 정류장을 물어보는 것이 좋습니다. 이때, 교통수단을 탈 때 자주 사용하는 **ขึ้น**을 활용해 질문할 수 있습니다. 이외에도 대중교통 이용에 유용한 표현들을 익혀보세요.

핵심 표현

큰   롣메-   다이   티-나이   크랍   카

ขึ้น รถเมล์ ได้ ที่ไหน ครับ(/คะ)

버스를 어디서 탈 수 있나요?

단어를 바꿔서 표현해 보세요.

▫ **สองแถว** [쌍-태우] 송태우

▫ **บีทีเอส** [비-티-에-쓰] 지상철 (BTS)

▫ **เอ็มอาร์ที** [엠아-티-] 지하철 (MRT)

▫ **วิน** [윈] 오토바이 택시

단어

ขึ้น [큰] 타다
รถเมล์ [롣메-] 버스

Tip ● 태국에서 운전 시, 주의사항
태국은 왼쪽 통행이므로, 한국의 운전 방향과 반대로 운전해야 한다는 점을 꼭 유의하세요. 운전할 때는 국제운전면허증과 여권 원본을 반드시 지참해야 합니다. 또한, 방콕 등 도심지역은 교통체증이 심하므로 이동 시간을 충분히 고려하여 일정을 계획하는 것이 좋습니다.

^{쓰́− 뚜̂−아 다̂이 티̂−나̀이 크람́ 카̌}
ซื้อ ตั๋ว ได้ ที่ไหน ครับ(/คะ)

어디에서 표를 살 수 있나요?

---

^{칸 니̀−빠̂이 타̂논 카̂−우싼́− 마́이 크람́ 카̌}
คัน นี้ ไป ถนนข้าวสาร ไหม ครับ(/คะ)

이 차 카오산 로드에 가나요?

---

^{꽈̂−짜̀ 틍̌ 싸타̌−니̀− 아쏙́− 떵̂− 빠̂이 익́−끼̀−싸타̌−니̀− 크람́ 카̌}
กว่าจะ ถึง สถานี อโศก ต้อง ไป อีก กี่ สถานี ครับ(/คะ)

아속 역까지 몇 정거장이나 더 가야 해요?

---

^{커̌− 롱 너̀−이 크람́ 카̌}
ขอ ลง หน่อย ครับ(/ค่ะ)

좀 내릴게요.

 **엿보기 단어**

ตั๋ว [뚜̂−아] 표
คัน [칸] 대 (차를 세는 단위)
สถานี อโศก [싸타̌−니̀− 아쏙́−] 아속 역

ต้อง ~ [떵̂−] ~어야 하다
ลง [롱] 내리다

빈 칸에 다양한 어휘를 넣어 보세요.

1 어디에서 _____ (할) 수 있나요?

_____ ได้ ที่ไหน ครับ(/คะ)

⟶ **เปลี่ยนสาย** [쁘리-얀싸-이] 환승

ดู ตารางเวลา รถเมล์ [두- 따-랑-웨- 라- 롣메-] 버스 시간표 확인

2 이 차 _____ 에 가나요?

คัน นี้ ไป _____ ไหม ครับ(/คะ)

⟶ **วัดโพธิ์** [왇포-] 왓포

วัดพระแก้ว [왇프라깨-우] 왓프라깨오

ไอคอนสยาม [아이컨-싸얌-] 아이콘시암

3 좀 _____ (할)게요.

ขอ _____ หน่อย ครับ(/ค่ะ)

⟶ **ขึ้น** [큰] 타다

จ่าย [짜-이] 지불하다, 결제하다

ลง ป้าย นี้ [롱 빠-이 니-] 이 정류장에서 내리다

질문과 답변은 어떤 것들이 있을까요?

칸 니- 빠이 왇프라깨^우 마^이 크랍 카
คัน นี้ ไป วัดพระแก้ว ไหม ครับ(/คะ)

이 차 왓프라깨오에 가나요?

빠이 크랍 카
➡ **ไป ครับ(/ค่ะ)**　　　　　　가요.

마^이 빠이 크랍 카
➡ **ไม่ ไป ครับ(/ค่ะ)**　　　　　안 가요.

꽈-짜 틍 싸타-니- 아쏙- 떵- 빠이 익-끼-싸타-니- 크랍 카
กว่าจะ ถึง สถานี อโศก ต้อง ไป อีก กี่ สถานี ครับ(/คะ)

아속 역까지 몇 정거장이나 더 가야 해요?

롱 티- 싸타-니- 떠-빠이 크랍 카
➡ **ลง ที่ สถานี ต่อไป ครับ(/ค่ะ)**　　다음 역에서 내리세요.

익- 쌈- 싸타-니- 크랍 카
➡ **อีก 3 สถานี ครับ(/ค่ะ)**　　　3정거장이요.

Unit 06

렌터카/전동기 이용하기 🎧 02-11

태국에서는 방콕을 제외한 지역의 대중교통이 잘 발달되어 있지 않으므로 근교 여행을
계획한다면 택시보다는 렌터카나 오토바이를 빌리는 것이 더 편리합니다. 차량을 렌트
할 때 필요한 표현들을 익혀보세요.

핵심 표현

약-   차오   론욘   쌈-   완   크랍   카

อยาก เช่า รถยนต์ สาม วัน ครับ(/ค่ะ)

3일 동안 자동차를 렌트하고 싶어요.

단어를 바꿔서 표현해 보세요.

▫ **หนึ่ง วัน** [능 완] 1일

▫ **สอง วัน** [썽- 완] 2일

▫ **สี่ วัน** [씨- 완] 4일

▫ **หนึ่ง อาทิตย์** [능 아-팃] 일주일

단어

เช่า [차오] 빌리다
รถยนต์ [론욘] 자동차

응용 표현 익히기 🎧 02-12

커-́ 삔 ́롣 ́렉 크랍 ́카
ขอ เป็น รถ เล็ก ครับ(/ค่ะ)
소형차로 주세요.

약-́ 차오́ ́론머-뜨ㅓ-싸이 썽-́ 칸 크랍 ́카
อยาก เช่า รถมอเตอร์ไซค์ 2 คัน ครับ(/ค่ะ)
오토바이를 2대 렌트하고 싶어요.

완 라́ 타오라이 크랍 ́카
วัน ละ เท่าไร ครับ(/คะ)
하루에 얼마인가요?

* 「분류사 + ละ」 구조 활용

카̂-루̂-앙웨-라- 타오라̂이 크랍 ́카
ค่าล่วงเวลา เท่าไร ครับ(/คะ)
초과 비용은 얼마예요?

 엿보기 단어

ขอ ~ [커-] ~ 주세요
เป็น [삔] ~로
เล็ก [렉] 작다

รถมอเตอร์ไซค์ [론머-뜨ㅓ-싸이] 오토바이
ละ [라] ~당
ค่าล่วงเวลา [카̂-루̂-앙웨-라-] 초과 비용 (시간 초과 시 내는 금액)

빈 칸에 다양한 어휘를 넣어 보세요.

1 _____ (으)로 주세요.

ขอ เป็น _____ ครับ(/ค่ะ)

↳ รถใหญ่ [롣야이] 대형차
   รถมอเตอร์ไซค์ [롣머-뜨ㅓ-싸이] 오토바이
   รถเก๋ง [롣껭-] 세단

2 _____ 렌트하고 싶어요.

อยาก เช่า _____ ครับ(/ค่ะ)

↳ รถเก๋ง 1 คัน [롣껭- 능 칸] 세단 1대
   รถเล็ก 2 คัน [롣렉 썽- 칸] 소형차 2대
   รถมอเตอร์ไซค์ 3 คัน [롣머-뜨ㅓ-싸이 쌈- 칸] 오토바이 3대

3 _____ (은/는) 얼마예요?

_____ เท่าไร ครับ(/คะ)

↳ ค่าประกัน [카-쁘라깐] 보험금
   ค่ามัดจำ [카-맏쨤] 보증금
   ค่าเช่า [카-차오] 렌트비

질문과 답변은 어떤 것들이 있을까요?

약~ 차오̂ 론̀ 밥~ 나̌이 크랍̀ 카̌
อยาก เช่า รถ แบบ ไหน ครับ(/คะ)
어떤 차로 렌트하실 건가요?

커̌~ 뻰 롣̀껭~ 크랍̀ 카̂
➡ **ขอ เป็น รถเก๋ง ครับ(/ค่ะ)**   세단으로 주세요.

커̌~ 뻰 롣̀끼~아어̀~또̂~ 크랍̀ 카̂
➡ **ขอ เป็น รถเกียร์ออโต้ ครับ(/ค่ะ)**   자동 기어 자동차로 주세요.

카̂~루~앙웨~라~ 타̂오라̌이 크랍̀ 카̌
ค่าล่วงเวลา เท่าไร ครับ(/คะ)
초과 비용은 얼마예요?

추̂아몽~ 라 능러̀~이 받̀ 크랍̀ 카̂
➡ **ชั่วโมง ละ 100 บาท ครับ(/ค่ะ)**   시간당 100밧입니다.

타̂ 끄ㄴ̌~ 웨~라~ 씨̀~ 추̂아몽~ 쁘랍̀ 쌈̌러̀~이 받̀ 크랍̀ 카̌
➡ **ถ้า เกิน เวลา 4 ชั่วโมง ปรับ 300 บาท ครับ(/ค่ะ)**

4시간 초과 시 300밧입니다.

태국의 지상철과 지하철

태국의 지상철(BTS)과 지하철(MRT)은 방콕에서만 운영되며, 다른 지역에서는 주로 버스, 송태우, 오토바이 택시, 일반 택시 등을 이용합니다. 방콕의 지상철과 지하철은 주요 관광지와 상업 지구를 연결해 교통 혼잡을 피하고 편리하게 이동할 수 있지만, 방콕 외 지역에서는 대중교통이 발달하지 않아 렌터카나 오토바이 대여가 더 유용할 수 있습니다.

● 지상철 BTS(Bangkok Mass Transit System)

방콕의 지상철은 **รถไฟฟ้า** [롣파이(f)파-(f)] 또는 영어를 음차한 **บีทีเอส** [비-티-에-쓰]라고 불립니다. 현재 수쿰윗(สุขุมวิท) 라인과 실롬(สีลม) 라인 2개의 노선이 운영 중이며, 주요 상업 지역과 관광 명소를 연결하고 있습니다. 각 역에는 영어와 태국어가 함께 표기되어 있어 외국인도 쉽게 이용할 수 있습니다. 교통 혼잡이 심한 방콕 도심에서 시간을 절약할 수 있어 현지인과 관광객 모두에게 인기가 많습니다.

● 지하철 MRT(Mass Rapid Transit System)

방콕의 지하철은 **รถไฟใต้ดิน** [롣파이(f)따이딘] 또는 영어를 음차한 **เอ็มอาร์ที** [엠아-티-]라고 불립니다. 블루 라인(สายสีน้ำเงิน)과 퍼플 라인(สายสีม่วง) 2개의 노선이 운영 중이며, 방콕 전역과 외곽 지역까지 더 넓은 범위를 운행합니다.

Tip

※ 주의사항

태국의 지상철과 지하철에서는 음료와 음식 섭취를 금지하고 있습니다. 두 교통수단은 서로 환승이 불가능하므로, 지상철에서 지하철로 이동하거나 반대로 이동할 경우 각각 별도의 표를 구매해야 합니다.

방콕 이외 지역의 주요 교통수단을 알아봅시다.

● 뚝뚝 (ตุ๊กๆ)

2~3명이 탑승할 수 있는 소형 삼륜차로, 엔진 소리가 '뚝뚝'하고 들린다고 해서 이름이 유래된 것으로 알려져 있습니다. 태국을 대표하는 교통수단 중 하나로, 관광객과 현지인들에게 빠르고 편리한 이동수단으로 널리 이용되고 있습니다. 최근에는 전기 에너지를 사용하는 전기 뚝뚝도 점차 늘어나고 있어서 친환경적인 이동 수단으로 주목받고 있습니다.

● 송태우 (สองแถว)

직역하면 '두 줄'이란 뜻으로, 2열로 앉을 수 있는 트럭 형태의 교통수단입니다. 정해진 노선에 따라 승객들이 탑승하며, 가격이 매우 저렴하고 여러 명이 함께 탈 수 있어 친근한 분위기 속에서 이동할 수 있습니다. 송태우는 특히 현지인들 사이에서 인기가 높은 경제적인 교통수단입니다.

● 오토바이 택시 (วินมอเตอร์ไซค์)

태국 전역에서 사랑받는 교통수단으로, 방콕의 심각한 교통체증 속에서도 빠르게 이동할 수 있어 큰 장점이 있습니다. 탑승자는 헬멧을 착용해야 하며, 가격은 비교적 저렴하고 주로 단거리 이동에 적합합니다. 대중교통이 부족한 시골 지역에서도 널리 활용되며, 택시 호출 앱을 통해 편리하게 이용할 수 있어 현지인과 여행객 모두에게 인기가 많습니다.

호텔 체크인/아웃 하기

🎧 02-13

호텔은 여행객이 많이 찾는 곳인 만큼 영어로도 소통이 가능하지만, 체크인/아웃 시 사용하는 표현은 비교적 한정적이므로 간단한 태국어 표현을 미리 익혀두는 것이 좋습니다. 호텔 체크인/아웃 시 자주 쓰이는 표현들을 익혀보세요.

 핵심 표현

커-   첵인   너-이   크랍   카

ขอ เช็กอิน หน่อย ครับ(/ค่ะ)

체크인 좀 부탁드려요.

단어를 바꿔서 표현해 보세요.

- **เช็กเอาท์** [첵아오] 체크아웃
- **จองห้อง** [쩡-헝-] 방을 예약하다
- **เปลี่ยนห้อง** [쁘리-안헝-] 방을 바꾸다

단어

เช็กอิน [첵인] 체크인(하다)

 Tip   태국의 일부 호텔은 보증금을 요구할 수 있으며, 금액은 호텔마다 다릅니다. 대부분 현금으로만 결제해야 하므로 미리 현금을 준비해 두는 것이 좋습니다.

น̂ี- 크랍 카̂
นี่ ครับ(/ค่ะ)
여기 있습니다. (여권을 내밀며)

쩡- 헝- 와이 루̂-앙나̂- 래̂-우 크랍 카̂
จอง ห้อง ไว้ ล่วงหน้า แล้ว ครับ(/ค่ะ)
미리 방을 예약해 두었어요.

미- 와이파이(f) 프(f)리- 마̂이 크랍 카̂
มี ไวไฟ ฟรี ไหม ครับ(/คะ)
무료 와이파이가 있나요?

떵̂- 첵아오 껀̂- 끼̀- 몽- 크랍 카̂
ต้อง เช็กเอาท์ ก่อน กี่ โมง ครับ(/คะ)
몇 시 전까지 체크아웃 해야 하나요?

 **엿보기 단어**

นี่ [น̂ี-] 이것
~ ไว้ [와이] ~해 두다
ล่วงหน้า [루̂-앙나̂-] 미리

ไวไฟ [와이파이(f)] 와이파이
ฟรี [프(f)리-] 무료
ก่อน [껀̂-] ~기 전에, 이전에

빈 칸에 다양한 어휘를 넣어 보세요.

① 미리 _____ (을/를) 예약해 두었어요.

จอง [   ] ไว้ ล่วงหน้า แล้ว ครับ(/ค่ะ)

⌐→ **อาหารเช้า** [아-한-차오] 조식
　 รถแท็กซี่ [론택씨-] 택시
　 ห้อง เตียงคู่ [형- 띠-앙쿠-] 트윈 침대 방

② 몇 시 전까지 _____ (해)야 하나요?

ต้อง [   ] ก่อน กี่ โมง ครับ(/คะ)

⌐→ **เช็กอิน** [첵인] 체크인
　 ไป กิน อาหาร เช้า [빠이 낀 아-한-차오] 조식을 먹으러 가다
　 ออก จาก ห้อง [억- 짝- 형-] 방에서 나가다 (의역: 방을 비우다)

③ _____ (이/가) 있나요?

มี [   ] ไหม ครับ(/คะ)

⌐→ **ห้อง วิว ทะเล** [형- 위우 타레-] 오션뷰 방
　 ห้อง ชั้นสูง [형- 찬쑹-] 고층 방
　 รถรับส่ง [론랍쏭] 셔틀버스

쩡- 헝- 와이 루-앙나- 래-우 크랍 카
จอง ห้อง ไว้ ล่วงหน้า แล้ว ครับ(/ค่ะ)
미리 방을 예약해 두었어요.

크랍 카 커- 쌉- 츠- 크랍 카
➡ **ครับ(/ค่ะ). ขอ ทราบ ชื่อ ครับ(/ค่ะ)**   네. 성함을 알려 주세요.

크랍 카 커-두- 파-쓰뻗- 너-이 크랍 카
➡ **ครับ(/ค่ะ). ขอ ดู พาสปอร์ต หน่อย ครับ(/ค่ะ)**

네. 여권 보여 주세요.

떵- 첵아오 껀- 끼- 몽- 크랍 카
ต้อง เช็กเอาท์ ก่อน กี่ โมง ครับ(/คะ)
몇 시 전까지 체크아웃 해야 하나요?

씹엗 몽-차오 크랍 카
➡ **11 โมงเช้า ครับ(/ค่ะ)**   오전 11시입니다.

바-이 몽- 크랍 카
➡ **บ่าย โมง ครับ(/ค่ะ)**   오후 1시입니다.

호텔 이용하기

🎧 02-15

호텔에 머무는 동안 불편한 점이 있거나 필요한 것이 있을 때는 「**ขอ**(요청하다)＋명사
: ~를 주세요」 구조를 활용하며, 더 필요한 경우에는 뒤에 **เพิ่ม**(추가하다)을 덧붙여 '~를
더 주세요'라고 요청할 수 있습니다.

★★★★
핵심 표현

커ˇ- 파ˇ-첸뚜ˉ-아 프ˆㅓㅁ 크ˊ랍 카ˊ
ขอ ผ้าเช็ดตัว เพิ่ม ครับ(/ค่ะ)

수건을 더 주세요.

단어를 바꿔서 표현해 보세요.

▫ **ผ้าเช็ดหน้า** [파ˇ-첸나ˆ-] 수건

▫ **ผ้าห่ม** [파ˇ-홈] 이불

▫ **หมอน** [먼ˇ-] 베개

단어

ผ้าเช็ดตัว [파ˇ-첸뚜ˉ-아] 수건
เพิ่ม [프ˆㅓㅁ] 추가하다, 첨가하다

Tip ● 수건의 다양한 표현
태국어에는 '수건'을 뜻하는 단어가 여러 가지가 있습니다. 통칭해서 **ผ้าขนหนู** [파ˇ-콘누ˇ-]라고
부르지만, 크기와 용도에 따라 다른 이름을 사용합니다. 태국에서는 수건의 용도를 명확히 구분
하여 사용하는 경우가 많으므로, 필요에 따라 적절한 단어를 사용하는 것이 중요합니다.

· 몸을 닦는 용도의 큰 수건 : **ผ้าเช็ดตัว** [파ˇ-첸 뚜ˉ-아]
· 얼굴을 닦는 용도의 작은 수건 : **ผ้าเช็ดหน้า** [파ˇ-첸나ˆ-]

응용 표현 익히기 🎧 02-16

마^이 미- 끄라닫-틷추- 크랍 카^
ไม่ มี กระดาษทิชชู่ ครับ(/ค่ะ)

휴지가 없어요.

추-아^이 껩 끄라빠^오 다^이마^이 크랍 카^
ช่วย เก็บ กระเป๋า ได้ไหม ครับ(/คะ)

가방을 맡아 주실 수 있나요?

두-므-안와- 애- 짜 씨-아 크랍 카^
ดูเหมือนว่า แอร์ จะ เสีย ครับ(/ค่ะ)

에어컨이 고장 난 것 같아 보여요.

름- 키-깐- 와^이 티- 헝- 크랍 카^
ลืม คีย์การ์ด ไว้ ที่ ห้อง ครับ(/ค่ะ)

방에 키 카드를 놓고 왔어요.

 **엿보기 단어**

กระดาษทิชชู่ [끄라닫-틷추-] 휴지
เก็บ [껩] 보관하다
กระเป๋า [끄라빠^오] 가방
ดูเหมือนว่า ~ [두-므-안와-]
~처럼 보이다, ~인 것 같다

แอร์ [애-] 에어컨
เสีย [씨-아] 고장 나다
ลืม [름-] 잊다
คีย์การ์ด [키-깐-] 키 카드
~ ไว้ [와^이] ~해 두다

빈 칸에 다양한 어휘를 넣어 보세요.

1 _____ (이/가) 없어요.

ไม่ มี _____ ครับ(/ค่ะ)

┄→ รีโมท [리-몯-] 리모컨
ผ้าขนหนู [파-콘누-] 수건
เครื่องเป่าผม [크르-앙빠오폼] 드라이기

2 _____ (해) 주실 수 있나요?

ช่วย _____ ได้ไหม ครับ(/คะ)

┄→ ส่ง กระเป๋า ถึง ห้อง [쏭 끄라빠오 틍 헝-] 가방을 방까지 옮겨 주다
โทรปลุก [토-쁠룩] 모닝콜을 하다
เรียก แท็กซี่ [리-악 택씨-] 택시를 부르다

3 _____ (이/가) 고장 난 것 같아 보여요.

ดูเหมือนว่า _____ เสีย ครับ(/คะ)

┄→ ประตู [쁘라뚜-] 문
ตู้เย็น [뚜-옌] 냉장고
เครื่องทำน้ำอุ่น [크르-앙탐남운] 온수기

커- 파̂-첸뚜̂-아 프ᅥ̂ 크̄랍 카̌

ขอ ผ้าเช็ดตัว เพิ่ม ครับ(/ค่ะ)

수건을 더 주세요.

다̂이 크̄랍 카̌ 끼̄-픈̌- 크̄랍 카̌

➡ ได้ ครับ(/ค่ะ). กี่ ผืน ครับ(คะ)   네. 몇 장 필요하신가요?

다̂이 크̄랍 카̌ 때̂- 떵̂- 참라 응언 프ᅥ̂ 크̄랍 카̌

➡ ได้ ครับ(/ค่ะ). แต่ ต้อง ชำระ เงิน เพิ่ม ครับ(/ค่ะ)

네. 그런데 추가 요금이 있습니다.

두-ᅳ̌-안와̂- 애̄- 짜 씨̌-아 크̄랍 카̌

ดูเหมือนว่า แอร์ จะ เสีย ครับ(/ค่ะ)

에어컨이 고장 난 것 같아 보여요.

디̄-아우 쏭̀ 콘 빠이 썸̂- 하̂이 크̄랍 카̌

➡ เดี๋ยว ส่ง คน ไป ซ่อม ให้ ครับ(/ค่ะ)

금방 사람을 보내 수리해 드리겠습니다.

떤̂-니̌- 깨̂- 마̂이다̂이 크̄랍 카̌

➡ ตอนนี้ แก้ ไม่ได้ ครับ(/ค่ะ)   지금은 고칠 수 없습니다.

태국의 숙박 시설

● 호텔

태국에는 국제 체인 호텔부터 현지 브랜드 호텔까지 다양하게 분포되어 있습니다. 관광객이 많은 만큼 대부분의 호텔은 시설과 서비스가 전문화되어 있으며, 객실에는 에어컨, TV, 냉장고 등 기본 편의시설이 잘 갖춰져 있습니다.

치앙마이(เชียงใหม่)에는 합리적인 가격으로 이용할 수 있는 4~5성급 호텔이 많습니다. '유 님만 치앙마이(U Nimman Chiang Mai)'는 치앙마이 중심지인 '님만해민(นิมมานเหมินทร์)' 초입에 위치한 5성급 호텔로, 1박 요금이 10만 원 초반대로 형성되어 있습니다. 쾌적한 객실과 양질의 서비스에 비해 가격이 합리적이며, 편리한 위치 덕분에 많은 관광객이 찾는 인기 호텔입니다.

● 고급 호텔

태국의 고급 호텔은 객실당 직원 수가 많아 전담 버틀러 서비스 등 맞춤형 고객 서비스를 제공합니다. 넓은 객실과 고층 전망을 갖추고 있으며, 태국 전통 마사지와 미식 경험까지 제공해 고객 만족도를 극대화하는 것이 특징입니다.

고급 호텔은 주로 방콕 시암(Siam) 지역이나 짜오프라야 강(แม่น้ำเจ้าพระยา)에 위치하며, BTS나 MRT와 가까워 접근성이 뛰어납니다. '월도프 아스토리아 방콕(Waldorf Astoria Bangkok)' 호텔은 방콕 중심부인 BTS 칫롬(ชิดลม) 역 근처에 위치해 있습니다. 아름답고 탁 트인 전망과 뉴욕 및 방콕 스타일이 조화된 요리로 유명해서 한국 유명 연예인들도 자주 찾는 호텔입니다.

월도프 아스토리아 방콕 호텔의 인피니티 풀

● 리조트

리조트는 푸껫(ภูเก็ต), 끄라비(กระบี่), 코사무이(เกาะสมุย) 등 해변이나 자연경관이 아름다운 지역에 주로 위치해 있습니다. 레스토랑, 스파, 수영장 등 부대시설이 잘 갖춰져 있어 휴양을 원하는 관광객들에게 인기가 높습니다.

푸껫에는 파통(**ป่าตอง**) 해변 주변의 리조트들이 특히 유명합니다. 그 중 '아마리 푸껫(Amari Phuket)' 리조트는 바다 바로 앞에 위치해 아름다운 전경을 자랑하며, 로비에 들어서는 순간부터 이국적인 분위기를 느낄 수 있어 많은 외국인 관광객에게 사랑받는 곳입니다.

아마리 푸껫 리조트 전경

● 게스트하우스

태국은 '여행객의 성지'라고 불릴 만큼 관광 산업이 발달해 있으며, 다양한 숙박 시설이 잘 갖춰져 있습니다. 그중 게스트하우스는 합리적인 가격과 독특한 매력 덕분에 여행자들에게 특히 인기가 많습니다.

〈태국 게스트하우스의 매력 포인트〉

① 공동 라운지 및 커뮤니티

게스트하우스는 공동 라운지와 다인실(도미토리) 형태의 객실 구조 덕분에 새로운 사람들과 교류하기 쉽습니다. 배낭여행객들이 모여 여행 정보를 공유하고 자유로운 분위기 속에서 친구를 사귀기에 좋은 환경을 제공합니다.

② 현지 문화 체험

게스트하우스에서는 같은 객실에 묵는 사람과의 교류 뿐만 아니라 현지 문화 체험도 즐길 수 있습니다. 일부 게스트하우스에서는 쿠킹 클래스, 지역 축제 안내, 워킹 투어 등 다양한 프로그램을 제공하기도 합니다.

③ 독특한 인테리어

전통 태국식 목조 가옥을 개조한 숙소부터 현대적인 감각을 살린 디자인까지 다양한 스타일이 있습니다. 대문, 로비, 정원 등 숙소 곳곳에서 태국의 생활 양식을 체험할 수 있는 곳도 많아 여행자들에게 색다른 경험을 제공합니다.

음식점 1 (예약하기)

🎧 02-17

음식점에 예약할 때는 보통 SNS나 전화를 이용하며, 먼저 인원수를 확인하고 원하는 시간을 정한 후에 예약을 진행합니다. 이때 **'อยากจอง**(예약하고 싶습니다)' 표현을 활용하여 인원수에 맞게 좌석을 요청할 수 있습니다.

핵심 표현

약ˋ 쩡- 티ˆ-낭ˆ 쌈랍 썽ˇ- 콘 크랍 카ˊ

อยาก จอง ที่นั่ง สำหรับ สอง คน ครับ(/ค่ะ)

2인용 좌석으로 예약하고 싶어요.

단어를 바꿔서 표현해 보세요.

▫ **คนเดียว** [콘디-아우] 1인

▫ **สี่ คน** [씨-콘] 4인

▫ **หก คน** [혹 콘] 6인

단어

ที่นั่ง [티-낭ˆ] 자리
สำหรับ [쌈랍] ~용, ~을 위한

Tip ● 왓아룬 야경

방콕 여행에서 빠질 수 없는 경험 중 하나는 왓아룬(วัดอรุณ)의 야경을 바라보며 저녁 식사를 즐기는 것입니다. 방콕의 대표적인 명소로, 주변의 식당들은 아름다운 야경과 함께 식사를 즐길 수 있어 매우 인기가 높기 때문에 예약은 필수입니다.

커– 쩡– 티–낭 림나–땅– 크랍 카

ขอ จอง ที่นั่ง ริมหน้าต่าง ครับ(/ค่ะ)

창가 자리로 예약할게요.

커– 쩡– 또 웨–라– 씹뺀– 나–리까– 완티– 까오 크랍 카

ขอ จอง โต๊ะ เวลา 18.00 น. วันที่ 9 ครับ(/ค่ะ)

9일 18시로 테이블 예약할게요.

※ น. : 나ฬีกา의 약어입니다.

커– 쁘리–안 웨–라– 뻰 능 툼 다–이마–이 크랍 카

ขอ เปลี่ยน เวลา เป็น 1 ทุ่ม ได้ไหม ครับ(/คะ)

저녁 7시로 시간 변경할 수 있을까요?

※ 저녁 7시부터는 다시 1로 세며, 숫자 뒤에 **ทุ่ม**을 붙입니다.

커– 욕르ㅓㄱ– 깐–쩡– 다–이마–이 크랍 카

ขอ ยกเลิก การจอง ได้ไหม ครับ(/คะ)

예약 취소할 수 있을까요?

 **엿보기 단어**

ริมหน้าต่าง [림나–땅–] 창가
โต๊ะ [또] 테이블
เวลา [웨–라–] 시간
นาฬิกา [나–리까–] 시간, 시계 (약어: **น.**)

เปลี่ยน [쁘리–안] 변경하다, 바꾸다
ยกเลิก [욕르ㅓㄱ–] 취소하다
การจอง [깐–쩡–] 예약

1 _____ 자리로 예약할게요.

ขอ จอง ที่นั่ง ▢▢▢▢▢▢▢▢▢▢ ครับ(/ค่ะ)

⤷ ใกล้ นักร้อง [끌라이 낙렁-] 가수와 가깝다
ใน ห้องแอร์ [나이 헝-애-] 에어컨이 있는 방 안
สำหรับ คน ที่ ไม่ สูบบุหรี่ [쌈랍 콘 티- 마이 쑵-부리-] 비흡연자용

2 _____ 로 테이블 예약할게요.

ขอ จอง โต๊ะ ▢▢▢▢▢▢▢▢▢▢ ครับ(/ค่ะ)

⤷ เวลา 12.00 น. วันที่ 16 [웨-라- 씹썽- 나-리까 완티- 씹혹] 16일 12시
เวลา 15.00 น. วันที่ 21 [웨-라- 씹하- 나-리까 완티- 이-씹엣] 21일 15시
เวลา 19.30 น. วันที่ 30 [웨-라- 씹까오 나-리까 쌈-씹 나-티- 완티- 쌈-씹]
30일 19시 30분

3 _____ 로 시간 변경할 수 있을까요?

ขอ เปลี่ยน เวลา เป็น ▢▢▢▢▢ ได้ไหม ครับ(/คะ)

⤷ เที่ยง(วัน) [티-양(완)] 정오
บ่าย 2 [바-이 썽-] 낮 2시
3 ทุ่ม [쌈- 툼] 밤 9시

커̌- 쩡- 또 웨-라 씹뺍- 나-리까- 완티- 까오 크랍 카̌

ขอ จอง โต๊ะ เวลา 18.00 น. วันที่ 9 ครับ(/ค่ะ)

9일 18시로 테이블 예약할게요.

다̂이 크랍 카̌ 쩡- 하̂이 리̂-알러̂-이 래̂-우 크랍 카̌

➡ **ได้ ครับ(/ค่ะ). จอง ให้ เรียบร้อย แล้ว ครับ(/ค่ะ)**

네. 예약 완료됐습니다.

커̌-톤̂- 크랍 카̌ 쩡- 뗌 래̂-우 크랍 카̌

➡ **ขอโทษ ครับ(/ค่ะ). จอง เต็ม แล้ว ครับ(/ค่ะ)**

죄송합니다. 이미 예약이 꽉 찼습니다.

커̌- 욕르ㅓ́ㄱ- 깐-쩡- 다̂이마̂이 크랍 카̌

ขอ ยกเลิก การจอง ได้ไหม ครับ(/คะ)

예약 취소할 수 있을까요?

욕르ㅓ́ㄱ- 다̂이 크랍 카̌

➡ **ยกเลิก ได้ ครับ(/ค่ะ)**   취소하실 수 있습니다.

커̌-톤̂- 크랍 카̌ 욕르ㅓ́ㄱ- 마̂이다̂이 크랍 카̌

➡ **ขอโทษ ครับ(/ค่ะ). ยกเลิก ไม่ได้ ครับ(/ค่ะ)**

죄송합니다. 취소하실 수 없습니다.

음식점 2 (주문하기)

🎧 02-19

주문할 때는 '**ขอ**(주세요)' 단어를 활용하여 「**ขอ**＋메뉴 이름＋수량」 구조로 요청할 수 있습니다. 수량 뒤에는 세는 단위인 분류사를 붙여 표현합니다.

 핵심 표현

커- 카-우팟 능 짠- 크랍 카

ขอ ข้าวผัด 1 จาน ครับ(/ค่ะ)

볶음밥 한 접시 주세요.

단어를 바꿔서 표현해 보세요.

▫ **ผัดไทย** [팟타이] 팟타이

▫ **ผัดซีอิ๊ว** [팟씨-이우] 팟씨유 (간장 볶음면)

▫ **ผัดกะเพราหมูสับ** [팟까프라오무-쌉]
팟까프라오무쌉 (돼지고기 바질 볶음밥)

단어

ข้าวผัด [카-우팟] 볶음밥
จาน [짠-] 접시

 Tip

● 분류사

분류사는 사람, 동물, 사물 등을 세는 단위를 의미합니다. 태국어는 분류사가 발달되어 있어 종류에 맞는 분류사를 사용하는 것이 중요합니다.

จาน [짠-]	'접시'에 담겨 나오는 음식을 세는 단위
ชาม [참-]	'대접'에 담겨 나오는 음식을 세는 단위
แก้ว [깨-우]	'잔'으로 나오는 음료를 세는 단위
ขวด [쿠-앋]	'병'으로 나오는 음료를 세는 단위
ที่ [티-]	'인분' 단위

커– 메–누– 너–이 크랍 카
ขอ เมนู หน่อย ครับ(/ค่ะ)
메뉴판 좀 주세요.

커– 비–아창– 능 쿠–앋 크랍 카
ขอ เบียร์ช้าง 1 ขวด ครับ(/ค่ะ)
창 맥주 한 병 주세요.

미– 메–누– 내남 마–이 크랍 카
มี เมนู แนะนำ ไหม ครับ(/คะ)
추천 메뉴 있나요?

커– 쌍 끌랍반– 다–이마–이 크랍 카
ขอ สั่ง กลับบ้าน ได้ไหม ครับ(/คะ)
테이크아웃 가능한가요?

 **엿보기 단어**

เมนู [메–누–] 메뉴판, 메뉴
เบียร์ [비–아] 맥주
ขวด [쿠–앋] 병

แนะนำ [내남] 추천하다
เอากลับ [아오끌랍] 가지고 돌아가다
กลับบ้าน [끌랍반–] 집에 가다

빈 칸에 다양한 어휘를 넣어 보세요.

1 _____ 좀 주세요.

ขอ _____ หน่อย ครับ(/ค่ะ)

> น้ำแข็ง [남캥] 얼음
> แก้วเปล่า [깨우쁘라오] 빈 잔
> จานเปล่า [짠쁘라오] 빈 접시

2 _____ 한 병 주세요.

ขอ _____ 1 ขวด ครับ(/ค่ะ)

> โค้ก [콕] 코카콜라
> โค้กซีโร่ [콕씨로] 코카콜라 제로
> สไปรท์ [싸쁘라이] 스프라이트

3 _____ (이/가) 있나요?

มี _____ ไหม ครับ(/คะ)

> โต๊ะว่าง [또왕] 빈 자리
> เครื่องปรุง [크르엉쁘룽] 조미료
> ทิชชู่เปียก [팃추삐약] 물티슈

질문과 답변은 어떤 것들이 있을까요?

랍 아라이 디- 크랍 카

รับ อะไร ดี ครับ(/คะ)

무엇을 주문하시겠습니까?

커- 카우팥 능 짠- 크랍 카

➡ **ขอ ข้าวผัด 1 จาน ครับ(/ค่ะ)**　　　볶음밥 한 접시 주세요.

커- 비-아창- 능 쿠-앋 크랍 카

➡ **ขอ เบียร์ช้าง 1 ขวด ครับ(/ค่ะ)**　　　창 맥주 한 병 주세요.

미- 메-누- 내남 마이 크랍 카

มี เมนู แนะนำ ไหม ครับ(/คะ)

추천 메뉴 있나요?

커- 내남 메-누 니- 크랍 카

➡ **ขอ แนะนำ เมนู นี้ ครับ(/ค่ะ)**　　　이 메뉴를 추천드립니다.

아러-이 툭양- 르 ㅓ-이 크랍 카

➡ **อร่อย ทุกอย่าง เลย ครับ(/ค่ะ)**　　　다 맛있습니다.

음식점 3 (요청하기)

🎧 02-21

음식을 주문할 때 개인의 취향에 따라 맵기나 단맛 등을 조절하고 싶다면, 주문할 때 미리 요청해야 합니다. 무엇인가를 요청할 때는 **เอา**를 활용할 수 있습니다. **เอา**는 다른 동사를 대신해 사용되며, '하다'와 유사한 의미로 쓰입니다.

핵심 표현

아오 펜 너-이 크랍 카

เอา เผ็ด น้อย ครับ(/ค่ะ)

덜 맵게 해 주세요.

단어를 바꿔서 표현해 보세요.

- **เค็ม น้อย** [켐 너-이] 덜 짜게
- **หวาน น้อย** [완- 너-이] 덜 달게
- **เผ็ด มาก** [펜 막-] 더 맵게

단어

เอา [아오] 필요하다, 하다
เผ็ด [펜] 맵다
น้อย [너-이] 적다, 조금

태국 식당에는 대부분 식탁 위에 조미료(**เครื่องปรุง** [크르-앙쁘룽])가 준비되어 있어, 취향에 맞게 맵기나 단맛을 조절하며 식사를 즐길 수 있습니다. 일반적으로 고추식초, 액젓, 설탕, 고춧가루가 하나의 세트로 제공되므로 기호에 맞게 조절해 가며 식사할 수 있습니다.

마̂이 아̂오 팍치- 크랍́ 카̂
ไม่ เอา ผักชี ครับ(/ค่ะ)

고수 빼 주세요. (직역: 고수를 하지 않을게요.)

커- 남́쑵 프 r̂ㅁ- 크랍́ 카̂
ขอ น้ำซุป เพิ่ม ครับ(/ค่ะ)

국물을 더 주세요.

양 마̂이 다̂이 메-누- 티- 쌍́ 와̂이 크랍́ 카̂
ยัง ไม่ ได้ เมนู ที่ สั่ง ไว้ ครับ(/ค่ะ)

주문한 메뉴를 아직 못 받았어요.

안니̂- 마̂이차̂이 아-한̌- 티- 폼̌ 디찬̌ 쌍́ 크랍́ 카̂
อันนี้ ไม่ใช่ อาหาร ที่ ผม(/ดิฉัน) สั่ง ครับ(/ค่ะ)

이건 제가 시킨 메뉴가 아닌데요.

 **엿보기 단어**

ผักชี [팍치-] 고수
น้ำซุป [남́쑵] 국물
ยัง [양] 아직

ได้ [다̂이] 얻다
สั่ง [쌍́] 주문하다, 시키다

빈 칸에 다양한 어휘를 넣어 보세요.

① _____ 빼 주세요.

ไม่ เอา _____ ครับ(/ค่ะ)

    ↳ **ถั่วลิสง** [투–아리쏭] 땅콩
        แตงกวา [땡–꽈–] 오이
        มะนาว [마나–우] 라임

② _____ 더 주세요.

ขอ _____ เพิ่ม ครับ(/ค่ะ)

    ↳ **ส้อม** [썸–] 포크
        ช้อน [천–] 숟가락
        ตะเกียบ [따끼–압] 젓가락

③ 주문한 _____ (을/를) 아직 못 받았어요.

ยัง ไม่ ได้ _____ ที่ สั่ง ไว้ ครับ(/ค่ะ)

    ↳ **ส้มตำ** [쏨땀] 쏨땀 (파파야 샐러드)
        ต้มยำกุ้ง [똠얌꿍] 똠얌꿍
        ปูผัดผงกะหรี่ [뿌–팓퐁까리–] 뿌팟퐁커리 (게살 커리)

질문과 답변은 어떤 것들이 있을까요?

커- 남쑵 프↑ㅁ- 크랍 카
ขอ น้ำซุป เพิ่ม ครับ(/ค่ะ)
국물을 더 주세요.

다이 크랍 카
➡ **ได้ ครับ(/ค่ะ)**　　　　　　　　　　네.

빠이 아오 엥- 다이 르↑-이 크랍 카
➡ **ไป เอา เอง ได้ เลย ครับ(/ค่ะ)**　　직접 가져가서도 됩니다.

양 마이 다이 메-누- 티- 쌍 와이 크랍 카
ยัง ไม่ ได้ เมนู ที่ สั่ง ไว้ ครับ(/ค่ะ)
주문한 메뉴를 아직 못 받았어요.

커-톧- 크랍 카
➡ **ขอโทษ ครับ(/ค่ะ)**　　　　　　　죄송합니다.

디-아우 짜 빠이 첵 하이 크랍 카
➡ **เดี๋ยว จะ ไป เช็ก ให้ ครับ(/ค่ะ)**　　지금 가서 확인해 드리겠습니다.

음식점 4 (계산하기)

🎧 02-23

태국에서는 카운터가 아닌 테이블에서 바로 계산하는 경우가 많습니다. 식사를 마친 후 계산서를 요청할 때는 **เช็กบิลด้วย**라는 표현을 사용합니다. 영어의 Check Bill을 태국식으로 발음한 것으로, 계산을 요청할 때 가장 일반적으로 쓰이는 표현 중 하나입니다.

핵심 표현

체빈   두-아이   크랍   카

เช็กบิล ด้วย ครับ(/ค่ะ)

계산해 주세요. (직역: 계산서 확인해 주세요.)

단어를 바꿔서 표현해 보세요.

▫ **คิดเงิน** [킫응언] = **เก็บเงิน** [껩응언] 계산하다

단어

เช็กบิล [체빈]
계산서를 요청하다

 Tip

● **เช็กบิล**의 올바른 표기

영어의 Check Bill을 태국어 발음으로 표기한 것으로 태국 왕립국어원의 외래어 규정에 따른 올바른 표기법입니다. 간혹 **เช็กบิล**을 **เช็คบิล**으로 영어 발음에 더 가깝게 표기하는 경우도 있으나 잘못된 표기이며, 태국 왕립국어원 규정에 맞지 않으므로 표기에 주의하세요.

메-누- 니- 라-카- 타오라이 크랍 카
เมนู นี้ ราคา เท่าไร ครับ(/คะ)

이 메뉴는 얼마예요?

랍 응언쏟 마이 크랍 카
รับ เงินสด ไหม ครับ(/คะ)

현금 받나요?

＊ 엔은 짧게 발음합니다.

커- 짜-이액- 크랍 카
ขอ จ่ายแยก ครับ(/ค่ะ)

나눠서 결제할게요.

커- 바이쎋 두-아이 크랍 카
ขอ ใบเสร็จ ด้วย ครับ(/ค่ะ)

영수증도 주세요.

엿보기 단어

ราคา [라-카-] 가격
เท่าไร [타오라이] 얼마
รับ [랍] 받다

เงินสด [응언쏟] 현금
จ่ายแยก [짜-이액-] 분할 결제
ใบเสร็จ [바이쎋] 영수증

① _____ 얼마예요?

_____ ราคา เท่าไร ครับ(/คะ)

⌐→ **น้ำแข็ง** [남캥] 얼음
เบียร์ ช้าง [비-아 창-] 창 맥주
น้ำเปล่า [남쁘라오] 생수

② _____ 받나요?

รับ _____ ไหม ครับ(/คะ)

⌐→ **บัตรเครดิต** [받크레-딛] 신용카드
สแกนจ่าย [싸깬-짜-이] 스캔 결제
เงินดอลลาร์ [응언던-라-] 달러

③ _____ 할게요.

ขอ _____ ครับ(/ค่ะ)

⌐→ **จ่าย รวม** [짜-이 루-암] 같이 결제
โอนเงิน [온-응언] 계좌이체
สแกนจ่าย [싸깬-짜-이] 스캔 결제

쳌빈 두-아이 크랍 카
เช็กบิล ด้วย ครับ(/ค่ะ)

계산해 주세요. (직역: 계산서 확인해 주세요.)

러- 싹크루- 나 크랍 카
➡ **รอ สักครู่ นะ ครับ(/คะ)**　　　　　잠시만 기다려 주세요.

응언쏟 르- 받 크랍 카
➡ **เงินสด หรือ บัตร ครับ(/คะ)**　　　　현금인가요 카드인가요?

랍 받크레-딛 마이 크랍 카
รับ บัตรเครดิต ไหม ครับ(/คะ)

신용카드 받나요?

랍 크랍 카
➡ **รับ ครับ(/ค่ะ)**　　　　　　　　　받습니다.

마이 랍 크랍 카 때- 싸깬-짜-이 다이 크랍 카
➡ **ไม่ รับ ครับ(/ค่ะ). แต่ สแกนจ่าย ได้ ครับ(/ค่ะ)**

안 받습니다. 하지만 스캔 결제는 가능합니다.

태국의 다양한 음식

태국은 미식의 나라로 알려져 있으며, 다양한 종류의 맛있는 음식들이 있습니다. 음식 종류가 많아 일부 음식점에서는 메뉴판에 사진 없이 메뉴명만 나열하는 경우도 있지만, 몇 가지 기본적인 단어만 알아도 어떤 음식인지 추측할 수 있습니다.

● 재료

느-아	무-	까이	카이 (까이)	팍
เนื้อ	**หมู**	**ไก่**	**ไข่(ไก่)**	**ผัก**
소고기	돼지고기	닭고기	달걀	야채
타레-	쁘라-	꿍	뿌-	허-이
ทะเล	**ปลา**	**กุ้ง**	**ปู**	**หอย**
해산물	생선	새우	게	조개

● 조리 방법

팟	턷-	양- / 삥	파오
ผัด	**ทอด**	**ย่าง / ปิ้ง**	**เผา**
볶다	튀기다	굽다 (바비큐)	태우다, 그을리다
똠	능	얌	채-
ต้ม	**นึ่ง**	**ยำ**	**แช่**
끓이다	찌다	무치다	담그다

재료와 조리 방법을 붙이면 음식 이름이 됩니다.

ไก่ 닭고기 + **ทอด** 튀기다 ➡ **ไก่ทอด** 닭튀김 = 치킨

หมู 돼지고기 + **ปิ้ง** 굽다 ➡ **หมูปิ้ง** 돼지구이

ไก่ทอด

หมูปิ้ง

태국의 결제 문화

● 음식점에서 결제할 때

태국은 음식점에서 결제할 때 카운터가 아닌 테이블에서 결제하는 문화가 있습니다. 결제를 요청할 때는 직원을 부를 수도 있지만, 제스처로 의사를 표현할 수도 있습니다. 검지로 테이블을 가리킨 후 손가락을 원 모양으로 돌리면, 직원은 계산서를 가져다 달라는 뜻으로 이해하고 계산서를 가져옵니다. 이렇게 간단한 제스처만으로도 의사를 전달할 수 있기 때문에 태국에서는 말보다 제스처를 자주 사용합니다.

● QR 코드 결제

태국에서는 대부분 스캔 결제를 사용하고 있습니다. 은행 앱으로 QR 코드를 스캔한 뒤 계좌이체를 완료한 내역을 직원에게 보여주는 결제 방식입니다. 최근에는 태국 은행 계좌가 없어도 한국의 앱을 통해 스캔 결제도 가능해졌습니다.

＊ 방법은 간단하지만 해외인 만큼 정보 유출 및 환율과 수수료에 유의하세요.

● 태국의 팁 문화

태국 여행 시, 많은 사람이 궁금해하는 것 중 하나가 팁 문화입니다. 태국은 팁 문화가 없기 때문에 식당이나 호텔에서 특별히 팁을 줄 필요가 없습니다. 마사지를 받은 후 만족스러웠다면 마사지사에게 요금의 10% 정도를 팁으로 주는 경우가 있습니다. 하지만 그외에는 팁을 줄 필요가 없습니다.

편의점 이용하기

🎧 02-25

편의점 이용 시, 카운터에 '음식 데우기, 카드 충전' 등 다양한 내용을 요청할 수 있습니다. 요청할 때 가장 흔히 쓰이는 표현으로 '**ได้ไหม**(~수 있나요?)'가 있습니다. 편의점을 이용할 때 자주 쓰이는 다양한 표현을 익혀보세요.

핵심 표현

웹-   하이너-이   다이마이   크랍   카

เวฟ ให้หน่อย ได้ไหม ครับ(/คะ)

데워주실 수 있나요?

단어를 바꿔서 표현해 보세요.

- **อุ่น** [운] 데우다
- **เช็ก ยอดเงิน บัตร** [첵 옅-응언 받] 카드 잔액 확인
- **เติมเงิน** [뜨ㅓㅁ-응언] 돈 충전

단어

เวฟ [웹-] 데우다

↳ '전자레인지를 이용해 데운다'는 의미
영어 microwave의 차용어

Tip   태국의 세븐일레븐에서는 200밧 이상부터 카드 및 QR 코드 결제가 가능합니다. 200밧 미만은 현금 결제만 가능하므로 현금을 미리 준비해 두는 것이 좋습니다.

응용 표현 익히기
🎧 02-26

미- 쁘로 마이 크랍 카
มี โปร ไหม ครับ(/คะ)
프로모션이 있나요?

커- 퉁 두-아이 크랍 카
ขอ ถุง ด้วย ครับ(/ค่ะ)
봉투도 주세요.

콕-씨-로- 몯 르-양 크랍 카
โค้กซีโร่ หมด หรือยัง ครับ(/คะ)
제로콜라는 다 팔렸나요?

미- 씸 카-이 마이 크랍 카
มี ซิม ขาย ไหม ครับ(/คะ)
유심칩을 파나요? (직역: 파는 유심칩이 있나요?)

 **엿보기 단어**

โปร(โมชั่น) [쁘로(모-찬)] 프로모션
ถุง [퉁] 봉투
โค้กซีโร่ [콕-씨-로-] 제로콜라

หมด [몯] 다 떨어지다, 전부
หรือยัง [르-양] ~했어? 안 했어? (완료 여부를 묻는 질문)
ขาย [카-이] 팔다

빈 칸에 다양한 어휘를 넣어 보세요.

1 _____ (이/가) 있나요?

มี _____ ไหม ครับ(/คะ)

 ⌐→ **ซิม** [씸] 심 카드
 ที่ชาร์จ [티-찹-] 충전기
 ส่วนลด สมาชิก [쑤-안롣 싸마-칙] 멤버십 할인

2 _____ 도 주세요.

ขอ _____ ด้วย ครับ(/ค่ะ)

 ⌐→ **หลอด** [럳-] 빨대
 ช้อน [천-] 숟가락
 ตะเกียบ [따끼-얍] 젓가락

3 _____ (은/는) 다 팔렸나요?

_____ หมด หรือยัง ครับ(/คะ)

 ⌐→ **แซนด์วิช** [쌘-윋] 샌드위치
 เกี๊ยวกุ้ง [끼-아우꿍] 새우만두
 ข้าวกล่อง [카-우끌렁-] 도시락

질문과 답변은 어떤 것들이 있을까요?

미- 쁘로 마이 크랍 카

มี โปร ไหม ครับ(/คะ)

프로모션이 있나요?

미- 쑤-안롣 크랍 카

➡ **มี ส่วนลด ครับ(/ค่ะ)**　　　　할인 중입니다.

능 탬- 능 크랍 카

➡ **1 แถม 1 ครับ(/ค่ะ)**　　　　원 플러스 원입니다.

콕-씨-로- 몯 르-양 크랍 카

โค้กซีโร่ หมด หรือยัง ครับ(/คะ)

제로콜라는 다 팔렸나요?

몯 래-우 크랍 카

➡ **หมด แล้ว ครับ(/ค่ะ)**　　　　다 팔렸습니다.

양 크랍 카 유- 뜨롱난 크랍 카

➡ **ยัง ครับ(/ค่ะ). อยู่ ตรงนั้น ครับ(/ค่ะ)** 아직이요. 저쪽에 있습니다.

패스트푸드점/카페 이용하기 🎧 02-27

태국은 더운 날씨로 인해 카페를 자주 찾게 되며, 패스트푸드점과 카페에서는 태국 스타일의 독특한 메뉴를 즐길 수 있습니다. 음료를 주문할 때는 음료 사이즈도 함께 말해야 하며, 크기에 따라 선택할 수 있는 다양한 옵션이 제공됩니다.

핵심 표현

커- 뻰 싸이 터-우 크랍 카
ขอ เป็น ไซส์ ทอล ครับ(/ค่ะ)

톨 사이즈로 주세요.

단어를 바꿔서 표현해 보세요.

- ▫ **แกรนเด** [끄랜-데-] 그란데 (grande)

- ▫ **เวนติ** [웬-띠] 벤티 (venti)

- ▫ **เอ็ม** [엠] 엠 (M: medium의 약어)

- ▫ **แอล** [애-우] 엘 (L: large의 약어)

단어

เป็น [뻰] ~로
ไซส์ [싸이] 사이즈
ทอล [터-우] 톨 (tall)

Tip ● 실생활 발음 익히기

(1) **ทอล** : 영어 발음에 가깝게 [터-우]로 발음하기도 하지만, 태국어 규정에 따라 [턴-]으로 발음하기도 합니다.

(2) **ไซส์ ทอล** : 톨 사이즈는 **แก้วกลาง**[깨-우끌랑-]이라고도 말합니다.

(3) **แอล** : [애-우] 또는 [앨-]로 발음하는 경우가 많습니다.

^커- 아메-리까-노- 옌 능 깨-우 크랍 카
ขอ อเมริกาโน่ เย็น 1 แก้ว ครับ(/ค่ะ)
아이스 아메리카노 한 잔 주세요.

짜 쌍 삗 쎈 크랍 카
จะ สั่ง เป็น เซ็ท ครับ(/ค่ะ)
세트로 주문할게요.

---

^커- 쎈 쌈-능 춘 크랍 카
ขอ เซ็ท 3 1 ชุด ครับ(/ค่ะ)
3번 세트 1개 주세요.

---

^커- 쁘리-안 콕- 삗 싸쁘라이 다이마이 크랍 카
ขอ เปลี่ยน โค้ก เป็น สไปรท์ ได้ไหม ครับ(/คะ)
콜라를 스프라이트로 바꿀 수 있을까요?

 **엿보기 단어**

อเมริกาโน่ [아메-리까-노-] 아메리카노
เย็น [옌] 시원하다
แก้ว [깨-우] 잔, 컵

เซ็ท [쎈] 세트
ชุด [춘] 세트 (분류사)
สไปรท์ [싸쁘라이] 스프라이트

빈 칸에 다양한 어휘를 넣어 보세요.

1 ______________ 한 잔 주세요.

ขอ ______________ 1 แก้ว ครับ(/ค่ะ)

- วานิลลาลาเต้ [와-닐라-라-떼-] 바닐라라테
- กรีนทีลาเต้ [끄린-티-라-떼-] 그린 티 라테
- ฮ็อทช็อกโกแลต [헏척꼬-랟-] 핫 초콜릿

2 ______________ (으)로 주문할게요.

จะ สั่ง เป็น ______________ ครับ(/ค่ะ)

- ชุด [춛] 세트
- เมนูเดี่ยว [메-누-디-아우] 단품

3 콜라를 ______________ 로 바꿀 수 있을까요?

ขอ เปลี่ยน โค้ก เป็น ______________ ได้ไหม ครับ(/คะ)

- น้ำส้ม [남쏨] 오렌지주스
- น้ำมะนาว [남마나-우] 레몬에이드
- แฟนต้า [팬-(f)따-] 환타

질문과 답변은 어떤 것들이 있을까요?

커– 뺀 싸이 웬–띠 크랍 카
ขอ เป็น ไซส์ เวนติ ครับ(/ค่ะ)
벤티 사이즈로 주세요.

다이 크랍 카 커– 쌉– 츠– 크랍 카
➡ **ได้ ครับ(/ค่ะ). ขอ ทราบ ชื่อ ครับ(/ค่ะ)** 네. 이름을 알려 주세요.

커–톳– 크랍 카 미– 캐– 싸이 디–아우 크랍 카
➡ **ขอโทษ ครับ(/ค่ะ). มี แค่ ไซส์ เดียว ครับ(/ค่ะ)**

죄송합니다. 사이즈가 하나 밖에 없습니다.

커– 쁘리–안 콕– 뺀 싸쁘라이 다이마이 크랍 카
ขอ เปลี่ยน โค้ก เป็น สไปรท์ ได้ไหม ครับ(/คะ)
콜라를 스프라이트로 바꿀 수 있을까요?

다이 크랍 카
➡ **ได้ ครับ(/ค่ะ)** 네.

마이 미– 싸쁘라이 크랍 카
➡ **ไม่ มี สไปรท์ ครับ(/ค่ะ)** 스프라이트는 없습니다.

태국의 다양한 간식

태국의 간식은 다양하고 맛있으며 지역마다 다양한 재료와 조리법으로 만들어진 독특한 간식들이 가득합니다.

● 코코넛 밀크가 주재료인 간식들

• 카놈크록 (ขนมครก)

코코넛 밀크와 쌀가루로 만든 작은 빵입니다. 파, 옥수수, 단호박 등의 토핑이 올라가기도 합니다. 주로 시장이나 거리 음식점에서 쉽게 찾아볼 수 있는 인기 간식입니다.

• 카놈찬 (ขนมชั้น)

녹말과 코코넛 밀크로 만든 젤리 디저트로, 쫀득한 식감과 은은한 단맛이 특징입니다. 태국의 전통 간식으로 축제나 특별한 날에 자주 먹습니다.

• 카오니아오마무앙 (ข้าวเหนียวมะม่วง)

부드러운 찹쌀밥과 신선한 망고에 코코넛 밀크를 뿌려 먹는 태국의 대표적인 디저트입니다.

● 다른 나라의 영향을 받은 간식들

• 포이통 (ฝอยทอง)

오리알 노른자와 설탕을 섞어 만드는 간식입니다. 포르투갈 간식으로 17세기 아유타야 시절 포르투갈 선교사와 상인들이 태국에 가져온 디저트 기술에서 비롯되었습니다. 주로 다른 간식 위에 얹어 음식을 더욱 고급스럽게 보이도록 만드는 효과가 있습니다.

• 로티 (โรตี)

인도 및 중동 지역에서 유래한 음식으로, 납작한 빵을 구워 위에 계란, 바나나, 초코잼, 연유 등 다양한 토핑을 올려 먹는 길거리 간식입니다.

태국의 색다른 음료

태국은 더운 날씨 때문에 시원하고 독특한 음료들이 많으며, 길거리나 카페에서 다양한 음료를 손쉽게 즐길 수 있습니다. 태국의 시원하고 색다른 맛의 음료들을 알아봅시다.

● 과일 스무디

• 탱모반 (แตงโมปั่น)

태국에서 인기 있는 음료 중 하나로, 신선한 수박을 얼음과 함께 갈아서 만든 스무디입니다. 길거리 노점이나 주스 가게에서 쉽게 접할 수 있어 여행객들도 즐겨 마시는 대표적인 음료입니다. **แตงโมปั่น**은 **แตงโม**(수박)와 **ปั่น**(회전하다)의 합성어로, 믹서기에서 수박과 얼음을 갈아 만든 태국식 수박 주스를 의미합니다.

＊ 음료 이름에 **ปั่น**이 들어가면, 얼음과 함께 갈아주는 스무디를 의미합니다.

มะม่วงปั่น [마무~앙빤] 망고스무디   **กาแฟปั่น** [까-패-(f)빤] 프라푸치노

● 밀크티

• 차타이 (ชาไทย)

홍차를 끓여 우유를 넣고 연유와 얼음을 많이 넣어 시원하고 달게 마시는 태국식 밀크티입니다.

• 놈촘푸 (นมชมพู)

นม(우유)과 **ชมพู**(분홍색)의 합성어로, 우유에 빨간 시럽을 넣어 만든 분홍색 우유를 의미합니다. **นมเย็น**[놈옌]이라고도 합니다.

● 음료 토핑

• 차오꾸아이 (เฉาก๊วย)

'선초 젤리'라고도 부르며 아무 맛도 안 나지만, 열을 식혀주는 역할을 하기 때문에 태국의 더운 날씨에 빠질 수 없는 음료 토핑 중 하나입니다.

Unit 15

쇼핑하기 1

🎧 02-29

쇼핑할 때 물건의 위치를 찾지 못해 헤매는 경우가 있습니다. 이때 **กำลังมองหา** 또는 **กำลังหา**라는 표현을 사용하면 찾는 물건의 위치를 쉽게 안내받을 수 있습니다. **มองหา**는 '찾아다니다'라는 의미로, 고객이 가게에 들어와 물건을 찾아보는 상황에서 자주 쓰입니다. 한편 **หา**는 일반적인 의미에서의 '찾다'를 뜻합니다.

★★★★★
핵심 표현

깜랑 멍-하- 쓰^-아츠ㅓ-ㄷ 크랍 카^

กำลัง มองหา เสื้อเชิ้ต ครับ(/ค่ะ)

셔츠를 찾는 중이에요.

단어를 바꿔서 표현해 보세요.

▫ **กางเกง** [깡-껭-] 바지

▫ **กล้วย** [끌루^-아이] 바나나

▫ **สบู่** [싸부-] 비누

단어

กำลัง [깜랑] ~하는 중이다
มองหา [멍-하-] 찾다
เสื้อเชิ้ต [쓰^-아츠ㅓ-ㄷ] 셔츠

Tip ● 다양한 요청 표현
'**กำลังหา ~**(~을 찾는 중이에요)'는 간접적인 요청 표현으로, 상대방에게 공손하게 도움을 요청할 때 유용합니다. 더 직접적으로 물어보고 싶다면 '**~ อยู่ที่ไหน**(~은 어디에 있나요?)' 또는 '**หา ~ ให้หน่อย ได้ไหม**(~ 좀 찾아 주실 수 있나요?)'라는 표현을 사용할 수 있습니다.

쓰^-아츠ㅓ-ㄷ 유- 티^-나이 크랍 카^

เสื้อเชิ้ต อยู่ ที่ไหน ครับ(/คะ)　　　셔츠는 어디에 있나요?

하- 쓰^-아츠ㅓ-ㄷ 하^이너-이 다^이마이 크랍 카^

หา เสื้อเชิ้ต ให้หน่อย ได้ไหม ครับ(/คะ)　셔츠 좀 찾아 주실 수 있나요?

ห่า　깡-껭-　하이너-이　다̂이마̂이　크랍　카̌

หา กางเกง ให้หน่อย ได้ไหม ครับ(/คะ)

바지 좀 찾아 주실 수 있나요?

론̂　다̂이마̂이　크랍　카̌

ลด ได้ไหม ครับ(/คะ)

깎아 주실 수 있나요?

미-　씨̌-　은̀-　마̂이　크랍　카̌

มี สี อื่น ไหม ครับ(/คะ)

다른 색깔 있나요?

끼로-　라　타̂오라이　크랍　카̌

กิโล ละ เท่าไร ครับ(/คะ)

킬로그램당 얼마예요?

* กิโล의 줄임 표현 : โล

 엿보기 단어

กางเกง [깡-껭-] 바지　　　　　สี [씨̌-] 색깔
~ ให้ [하̂이] ~해 주다　　　　อื่น [은̀-] 다른
หน่อย [너̀-이] 좀　　　　　　กิโล [끼로-] 킬로그램, kg
ลด [론̂] 깎다　　　　　　　ละ [라́] ~당

1 _____ 좀 찾아 주실 수 있나요?

หา ▢▢▢▢▢▢▢▢ ให้หน่อย ได้ไหม ครับ(/คะ)

└→ **ชุดเดรส** [춘드레-쓰] 원피스, 드레스
กระโปรง [끄라쁘롱-] 치마
กางเกงช้าง [깡-껭-창-] 코끼리 바지

2 다른 _____ (이/가) 있나요?

มี ▢▢▢▢▢▢ อื่น ไหม ครับ(/คะ)

└→ **ไซส์** [싸이] 사이즈
ลาย [라-이] 무늬

3 _____ 당 얼마예요?

▢▢▢▢▢ ละ เท่าไร ครับ(/คะ)

┊→ **ตัว** [뚜-아] 개, 벌 (분류사: 옷, 가구 등)
ลูก [룩-] 개 (분류사: 둥근 모양의 과일 ⑩ 사과, 망고)
หวี [위-] 송이 (분류사: 바나나)

182p. Tip 분류사 참고

질문과 답변은 어떤 것들이 있을까요?

미- 아라이 하이 추-아이 마이 크랍 카
มี อะไร ให้ ช่วย ไหม ครับ(/คะ)
무엇을 도와드릴까요?

깜랑 멍-하- 쓰-아츠ㅓ-ㄷ 크랍 카
➡ กำลัง มองหา เสื้อเชิ้ต ครับ(/ค่ะ)　　셔츠를 찾는 중이에요.

하- 깡-껭- 하이너-이 다이마이 크랍 카
➡ หา กางเกง ให้หน่อย ได้ไหม ครับ(/คะ)

바지 좀 찾아 주실 수 있나요?

론 다이마이 크랍 카
ลด ได้ไหม ครับ(/คะ)
깎아 주실 수 있나요?

로- 라 이-씹 받- 나 크랍 카
➡ โล ละ 20 บาท นะ ครับ(/คะ)　　킬로그램당 20밧 어때요?

론 하이 뻰 룩- 라 이-씹 받- 크랍 카
➡ ลด ให้ เป็น ลูก ละ 20 บาท ครับ(/ค่ะ)

개당 20밧으로 깎아 줄게요.

쇼핑하기 2

🎧 02-31

옷을 쇼핑하다 보면 사이즈가 맞지 않을 때가 종종 있습니다. 원하는 사이즈가 있는지 물어볼 때는 비교의 의미를 가진 **กว่า**를 활용하여 「**มี ไซส์ ~ กว่า นี้ ไหม**(이보다 더 ~ 사이즈 있나요?)」 패턴으로 원하는 사이즈를 요청할 수 있습니다.

★★★★
핵심 표현

미- 싸이 야이 꽈- 니- 마이 크랍 카

มี ไซส์ ใหญ่ กว่า นี้ ไหม ครับ(/คะ)

이보다 **큰** 사이즈 있나요?

단어를 바꿔서 표현해 보세요.

▫ **เล็ก** [렉] 작다

▫ **ยาว** [야-우] 길다

▫ **สั้น** [싼] 짧다

단어

ใหญ่ [야이] 크다
กว่า [꽈-] ~보다

 **Tip** ● 지시사

32p. 참고

นี่ [니-]	이것	นี้ [니-]	이
นั่น [난]	그것	นั้น [난]	그
โน่น [논-]	저것	โน้น [논-]	저

커– 렁– 싸이 다이마이 크랍 카
ขอ ลอง ใส่ ได้ไหม ครับ(/คะ)
입어 봐도 될까요?

싸이 싸이 엠 크랍 카
ใส่ ไซส์ เอ็ม ครับ(/ค่ะ)
M 사이즈 입어요.

캅 끄ㅓㄴ–빠이 크랍 카
คับ เกินไป ครับ(/ค่ะ)
너무 꽉 껴요.

뚜–아 니–아– 뚜–아 야이 티–쑫 차이마이 크랍 카
ตัว นี้ ตัว ใหญ่ ที่สุด ใช่ไหม ครับ(/คะ)
이게 가장 큰 거지요?

 **엿보기 단어**

ลอง [렁–] ~해 보다
ใส่ [싸이] 입다
คับ [캅] 꽉 끼다

เกินไป [끄ㅓㄴ–빠이] 지나치게, 너무
ที่สุด [티–쑫] 가장
~ ใช่ไหม [차이마이] ~지요?

1 _____ 사이즈 입어요.

ใส่ ไซส์ ▨▨▨▨▨▨▨▨ ครับ(/ค่ะ)

↳ **เอส** [에-쓰] 에스 (S: Small의 약어)

แอล [애-우] 엘 (L: Large의 약어)

เอ็กซ์แอล [엑애-우] 엑스엘 (XL: Extra Large의 약어)

2 너무 _____ 해요.

▨▨▨▨▨▨ เกินไป ครับ(/ค่ะ)

↳ **ยาว** [야-우] 길다

หลวม [루-ǎ암] 헐렁하다

ส้นสูง [쏜쑹-] 굽이 높다

3 이게 가장 _____ 거지요?

ตัว นี้ ตัว ▨▨▨▨▨▨ ที่สุด ใช่ไหม ครับ(/คะ)

↳ **เล็ก** [렉] 작다

ยาว [야-우] 길다

สั้น [싼] 짧다

질문과 답변은 어떤 것들이 있을까요?

미– 싸이 야이 꽈– 니– 마이 크랍 카

มี ไซส์ ใหญ่ กว่า นี้ ไหม ครับ(/คะ)

이보다 큰 사이즈 있나요?

미– 엑애–우– 두–아이 크랍 카

➡ **มี เอ็กซ์แอล ด้วย ครับ(/ค่ะ)** 엑스라지(XL)도 있어요.

뚜–아 니– 뚜–아 야이 티–쑫 크랍 카

➡ **ตัว นี้ ตัว ใหญ่ ที่สุด ครับ(/ค่ะ)** 이게 가장 큰 거예요.

싸이 오–케– 마이 크랍 카

ไซส์ โอเค ไหม ครับ(/คะ)

사이즈 괜찮으세요?

싸이 다이 크랍 카

➡ **ใส่ ได้ ครับ(/ค่ะ)** 괜찮아요. (직역: 입을 수 있어요.)

캅 끄ㅓㄴ–빠이 크랍 카

➡ **คับ เกินไป ครับ(/ค่ะ)** 너무 꽉 껴요.

Unit 17

교환/환불하기

🎧 02-33

쇼핑 후 옷이 마음에 들지 않거나 여러 이유로 교환이나 환불을 요청할 수 있습니다. 대부분의 상점에서는 일정 기간 내에 제품 상태가 좋을 경우 교환이나 환불이 가능하며, 영수증은 필수입니다. 교환/환불 시 자주 쓰이는 다양한 표현을 익혀보세요.

 핵심 표현

약- 큰-씬카- 크랍 카

อยาก **คืนสินค้า** ครับ(/ค่ะ)

반품하고 싶어요.

단어를 바꿔서 표현해 보세요.

▫ **คืนเงิน** [큰-응언] 환불하다

▫ **เปลี่ยน** [쁘리-안] 교환하다

단어

คืนสินค้า [큰-씬카-] 반품하다

쓰리–안 뻰 씨–은– 다이마이 크–랍 카

เปลี่ยน เป็น สี อื่น ได้ไหม ครับ(/คะ)

다른 색깔로 교환할 수 있나요?

짜–이 두–아이 받 크–랍 카

จ่าย ด้วย บัตร ครับ(/ค่ะ)

카드로 결제했어요.

아오 바이쎌 마– 래–우 크–랍 카

เอา ใบเสร็จ มา แล้ว ครับ(/ค่ะ)

영수증 가져왔습니다.

＊ เอา + (사물) + มา : ~을 가지고 오다

커–큰– 뻰 응언쏟 다이마이 크–랍 카

ขอคืน เป็น เงินสด ได้ไหม ครับ(/คะ)

현금으로 환불받을 수 있나요?

 **엿보기 단어**

ด้วย [두–아이] ~로 (도구)
บัตร [받] 카드

ใบเสร็จ [바이쎌] 영수증
ขอคืน [커–큰–] 환불 요청하다

① 다른 _____ 로 교환할 수 있나요?

เปลี่ยน เป็น _____ อื่น ได้ไหม ครับ(/คะ)

⌐→ ไซส์ [싸이] 사이즈

ลาย [라-이] 무늬

แบบ [뱁-] 종류

② _____ (으)로 결제했어요.

จ่าย ด้วย _____ ครับ(/ค่ะ)

⌐→ เงินสด [응언쏟] 현금

การโอนเงิน [깐-온-응언] 계좌이체

สแกน [싸깬-] 스캔

③ _____ (으)로 환불받을 수 있나요?

ขอคืน เป็น _____ ได้ไหม ครับ(/คะ)

⌐→ คูปอง [쿠-뻥-] 쿠폰

พอยท์ [퍼-이] 포인트

บัตร ของขวัญ [받 컹-콴-] 기프트 카드

질문과 답변은 어떤 것들이 있을까요?

약- 큰-응언 크랍 카
อยาก คืนเงิน ครับ(/ค่ะ)
환불하고 싶어요.

아오 바이쎈 마- 르-쁘라오 크랍 카
➡ เอา ใบเสร็จ มา หรือเปล่า ครับ(/คะ)　　영수증 가져오셨나요?

씬카- 니- 큰-응언 마이다이 크랍 카
➡ สินค้า นี้ คืนเงิน ไม่ได้ ครับ(/ค่ะ)　　이 상품은 환불이 안 됩니다.

짜-이 두-아이 밧 르- 응언쏟 크랍 카
จ่าย ด้วย บัตร หรือ เงินสด ครับ(/คะ)
카드로 결제하셨나요 현금으로 결제하셨나요?

짜-이 두-아이 밧 크랍 카
➡ จ่าย ด้วย บัตร ครับ(/ค่ะ)　　카드로 결제했어요.

짜-이 두-아이 깐-온-응언 크랍 카
➡ จ่าย ด้วย การโอนเงิน ครับ(/ค่ะ)　　계좌이체로 결제했어요.

색깔 익히기

쇼핑 시, 원하는 컬러를 요청할 때 기본적인 색깔 단어들을 미리 익혀두면 유용하게 활용할 수 있습니다. 색깔을 말할 때는 '색깔'이라는 뜻의 สี[씨-]를 앞에 붙입니다.

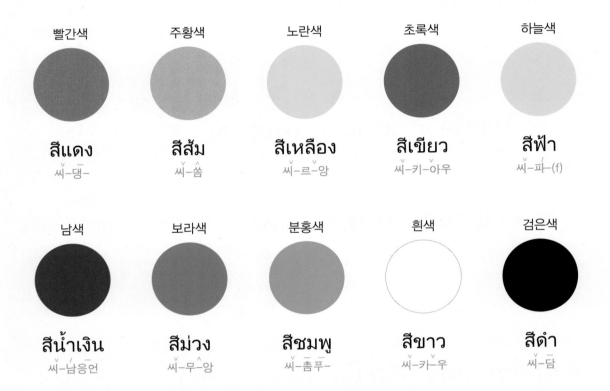

빨간색	주황색	노란색	초록색	하늘색
สีแดง	สีส้ม	สีเหลือง	สีเขียว	สีฟ้า
씨-댕-	씨-쏨	씨-르-앙	씨-키-아우	씨-파-(f)

남색	보라색	분홍색	흰색	검은색
สีน้ำเงิน	สีม่วง	สีชมพู	สีขาว	สีดำ
씨-남응언	씨-무-앙	씨-촘푸-	씨-카-우	씨-담

아오 씨- 아라이 크랍 카
A: เอา สี อะไร ครับ(/คะ)　무슨 색 원하세요?

아오 씨-댕- 크랍 카
B: เอา สีแดง ครับ(/ค่ะ)　빨간색이요.

태국의 제철 과일

태국은 열대 기후로 다양한 과일이 풍부한 나라입니다. 1년 내내 더운 날씨로 제철 과일이 없다고 생각할 수 있지만, 태국에는 '여름, 우기, 겨울'이라는 3가지 계절이 있어 각 계절마다 맛있는 제철 과일을 즐길 수 있습니다.

〈월별 제철 과일〉

과일 \ 월	겨울 (11~2월)		여름 (3~5월)			우기 (6~10월)					겨울 (11~2월)	
	1	2	3	4	5	6	7	8	9	10	11	12
กล้วย	■	■	■	■	■	■	■	■	■	■	■	■
แตงโม	■	■	■	■	■	■	■	■	■	■	■	■
มะม่วง			■	■	■							
ขนุน				■	■							
ทุเรียน				■	■	■						
สับปะรด	■	■				■	■	■				■
มังคุด					■	■	■	■				
เสาวรส									■	■	■	■

바나나	수박	망고	잭프루트
กล้วย	แตงโม	มะม่วง	ขนุน
끌루-^아이	땡-모-	마무-^앙	카눈

두리안	파인애플	망고스틴	패션프루트
ทุเรียน	สับปะรด	มังคุด	เสาวรส
투리-안	쌉빠롣	망쿧	싸오와롣

Unit 18

마사지 받기

태국 여행의 매력 중 하나는 바로 마사지입니다. 타이마사지는 전통 의술의 일종으로, 수천 년의 역사를 자랑하며 그 정통성을 유지하고 있습니다. 그러나 너무 강한 압력을 받거나 잘못된 방법으로 마사지를 받으면 부상 위험이 있으므로 원하는 부위와 세기를 정확히 전달하는 것이 중요합니다.

핵심 표현

아오　　　누^-앋팬-타이　　　크랍　　카

เอา **นวดแผนไทย** ครับ(/ค่ะ)

(전통) 타이마사지로 할게요.

단어를 바꿔서 표현해 보세요.

- **นวด เท้า** [누^-앋 타오] 발 마사지
- **นวด คอบ่าไหล่** [누^-앋 커-바-라이] 목/어깨 마사지
- **นวด น้ำมัน** [누^-앋 남만] 오일 마사지

단어

นวด [누^-앋] 마사지
แผน [팬-] 방식
นวดแผนไทย [누^-앋팬-타이]
(전통) 타이마사지

Tip 마사지를 받기 전에 원하는 마사지 종류와 시간을 미리 말하는 것이 좋습니다.

아오　　　누^-앋팬-타이　　능　추^-아몽-　크랍　카

เอา **นวดแผนไทย** 1 ชั่วโมง ครับ(/ค่ะ)

(전통) 타이마사지 1시간으로 할게요.

커- 뻰   머-누-앝   푸-차-이   크랍   카
ขอ เป็น หมอนวด ผู้ชาย ครับ(/ค่ะ)

남자 마사지사로 부탁드려요.

＊ 여자는 ผู้หญิง [푸-잉] 이라고 합니다.

누-앝   낙   꽈-   니-   너-이   크랍   카
นวด หนัก กว่า นี้ หน่อย ครับ(/ค่ะ)

좀 더 세게 마사지해 주세요.

야-   누-앝   뜨롱니-   나   크랍   카
อย่า นวด ตรงนี้ นะ ครับ(/คะ)

거기는 (마사지)하지 말아 주세요.

뿌-앝   뜨롱난   뻰피쎋-   크랍   카
ปวด ตรงนั้น เป็นพิเศษ ครับ(/ค่ะ)

거기가 특히 아파요.

 **엿보기 단어**

หมอนวด [머-누-앝] 마사지사
ผู้ชาย [푸-차-이] 남자
หนัก [낙] 세다, 무겁다
อย่า ~ [야-] ~지 마라

ตรงนี้ [뜨롱니-] 여기
ปวด [뿌-앝] 아프다
ตรงนั้น [뜨롱난] 거기
เป็นพิเศษ [뻰피쎋-] 특별히, 특히

빈 칸에 다양한 어휘를 넣어 보세요.

① 좀 더 _____ 마사지해 주세요.

นวด _____ กว่า นี้ หน่อย ครับ(/ค่ะ)

└─→ เบา [바오] 약하다, 가볍다

ตรงนั้น นาน [뜨롱난 난-] 거기를 오래

② _____ (은/는) (마사지)하지 말아 주세요.

อย่า นวด ตรง _____ นะ ครับ(/คะ)

└─→ คอ [커-] 목

หัว [후ˇ아] 머리

ท้อง [텅-] 배

③ _____ (이/가) 특히 아파요.

ปวด ตรง _____ เป็นพิเศษ ครับ(/ค่ะ)

└─→ ขา [카ˇ-] 다리

บ่า [바-] 어깨

หลัง [랑ˇ] 등, 허리

질문과 답변은 어떤 것들이 있을까요?

อาโอ นู^อ่วด อ่าไร่อ ค^ลับ ค่า

เอา นวด อะไร ครับ(/คะ)

무슨 마사지로 하시겠어요?

อาโอ นู^อ่วดแ๊ผน^-ไ่ทอ ค^ลับ ค่า

➡ **เอา นวดแผนไทย ครับ(/ค่ะ)**

(전통) 타이마사지로 할게요.

อาโอ นู^อ่วด น้า่มัน 썽^- ชู^-อ่โมง^- ค^ลับ ค่า

➡ **เอา นวด น้ำมัน 2 ชั่วโมง ครับ(/ค่ะ)**

오일 마사지로 2시간 할게요.

น้า่นัก โอ-เค^- ไ่มอ ค^ลับ ค่า

น้ำหนัก โอเค ไหม ครับ(/คะ)

세기는 괜찮으세요?

นู^อ่วด นัก พ่ว^า นี^- น่ือ่ย ค^ลับ ค่า

➡ **นวด หนัก กว่า นี้ หน่อย ครับ(/ค่ะ)**

더 세게 마사지해 주세요.

นู^อ่วด บ่าโอ พ่ว^า นี^- น่ือ่ย ค^ลับ ค่า

➡ **นวด เบา กว่า นี้ หน่อย ครับ(/ค่ะ)**

더 약하게 마사지해 주세요.

관광하기

🎧 02-37

관광을 위해 입장권을 구매할 때는 어른과 아이의 가격이 다를 수 있습니다. 특히 아이는 무료인 경우도 있으므로 어른과 아이가 몇 명인지 미리 말하는 것이 좋습니다.

핵심 표현

푸-야이 썽- 콘 래 덱 능 콘 크랍 카
ผู้ใหญ่ ๒ คน และ เด็ก ๑ คน ครับ(/ค่ะ)

어른 2명 그리고 아이 1명이요.

단어를 바꿔서 표현해 보세요.

- ๓ (สาม) [쌈-] 3 (셋)
- ๔ (สี่) [씨-] 4 (넷)
- ๕ (ห้า) [하-] 5 (다섯)

단어

คน [콘] 명 (분류사)
๑ (หนึ่ง) [능] 1 (하나)
๒ (สอง) [썽-] 2 (둘)
ผู้ใหญ่ [푸-야이] 어른
และ [래] 그리고
เด็ก [덱] 아이

Tip 태국어에서 수를 말할 때는 한국어의 어순과 같습니다. 「사람+수+명」 구조로 한국의 어순과 동일하게 표기하며 말합니다.

푸-야이 쌈- 콘
ผู้ใหญ่ 3 คน   어른 3명

추-아이 내남 싸탄-티-텅-티-아우 다이마이 크랍 카
ช่วย แนะนำ สถานที่ท่องเที่ยว ได้ไหม ครับ(/คะ)

관광지를 추천해 주실 수 있나요?

쁘ㅓ-ㄷ 끼- 몽- 크랍 카
เปิด กี่ โมง ครับ(/คะ)

몇 시에 열어요?

쓰- 뚜-아카오촘 다이 티-나이 크랍 카
ซื้อ ตั๋วเข้าชม ได้ ที่ไหน ครับ(/คะ)

어디에서 입장권을 살 수 있나요?

능 썽- 쌈- 임
นึง ส่อง ซั้ม ยิ้ม

하나, 둘, 셋, 스마일~!

> 사진을 찍거나 숫자를 빨리 셀 때
> 는 실제 발음이 달라집니다.
>
> หนึ่ง [능] → นึง [능]
> สอง [썽-] → ส่อง [썽-]
> สาม [쌈-] → ซั้ม [쌈]

엿보기 단어

ช่วย [추-아이] ~해 주세요
สถานที่ท่องเที่ยว [싸탄-티-텅-티-아우] 관광지
เปิด [쁘ㅓ-ㄷ] 열다

ตั๋วเข้าชม [뚜-아카오촘] 입장권
ยิ้ม [임] 미소

1 _____ (해) 주실 수 있나요?

ช่วย _____ ได้ไหม ครับ(/คะ)

> ถ่ายรูป [타−이룹−] 사진을 찍다
> ถ่าย อีก รูป หนึ่ง [타−이 익− 룹− 능] 사진을 한 장 더 찍다
> ถ่าย เป็น แนวนอน [타−이 뻰 내−우넌−] 가로로 찍다

2 몇 시에 _____ (해)요?

_____ กี่ โมง ครับ(/คะ)

> ปิด [삗] 닫다
> เข้าได้ [카오다̂이] 들어갈 수 있다
> เริ่ม [르ㅓ−ㅁ] 시작하다

3 어디에서 _____ (할) 수 있나요?

_____ ได้ ที่ไหน ครับ(/คะ)

> รับ แผนที่ [랍 팬−티−] 지도를 받다
> รับ โบรชัวร์ [랍 브로−추−아] 브로슈어를 받다
> ซื้อ ของที่ระลึก [쓰− 컹̌−티−라−륵] 기념품을 사다

질문과 답변은 어떤 것들이 있을까요?

끼- 탄 크랍 카
กี่ ท่าน ครับ(/คะ)
몇 분이세요?

푸-야이 썽- 콘 래 덱 능 콘 크랍 카
➡ **ผู้ใหญ่ ๒ คน และ เด็ก ๑ คน ครับ(/ค่ะ)** 어른 2명 그리고 아이 1명이요.

콘디-아우 크랍 카
➡ **คนเดียว ครับ(/ค่ะ)** 혼자예요.

추-아이 타-이룹- 다이마이 크랍 카
ช่วย ถ่ายรูป ได้ไหม ครับ(/คะ)
사진 찍어 주실 수 있나요?

다이 크랍 카 능 썽- 쌈 임
➡ **ได้ ครับ(/ค่ะ). หนึ่ง สอง ซั่ม ยิ้ม** 네. 하나, 둘, 셋, 스마일~!

내-우땅 르- 내-우넌- 크랍 카
➡ **แนวตั้ง หรือ แนวนอน ครับ(/คะ)** 가로로요 아니면 세로로요?

관광 시 주의사항

🎧 02-39

태국 여행 중, 태국의 법규를 몰라서 의도치 않게 규칙을 어길 때가 있습니다. 경비원이나 현지인들이 주의를 줄 수도 있으므로 미리 주의사항 등의 기본 표현들을 익혀보세요.

 핵심 표현

티-니- 함- 타-이룹- 크랍 카

ที่นี่ ห้าม ถ่ายรูป ครับ(/ค่ะ)

여기에서는 사진을 찍지 마세요.

단어를 바꿔서 표현해 보세요.

- **เข้า** [카오] 들어가다
- **ทิ้ง ขยะ** [팅 카야] 쓰레기를 버리다
- **สูบ บุหรี่** [숩- 부리-] 담배를 피다

단어

ห้าม [함-] 금지하다, ~지 마라
ถ่ายรูป [타-이룹-] 사진을 찍다

 Tip

ห้ามเข้าก่อนได้รับอนุญาต

이미지만 보고 의미를 이해하기 어려운 표지판도 있을 수 있으므로, 주의사항 등의 문구를 미리 익혀 두는 것이 좋습니다.

함- 카오 껀- 다이랍 아누얏-

ห้าม เข้า ก่อน ได้รับ อนุญาต 관계자 외 출입 금지

떵- 쓰- 받카-오촘 마이 크랍 카
ต้อง ซื้อ บัตรเข้าชม ไหม ครับ(/คะ)
입장권을 사야 하나요?

라왕 끄라빠오응언 크랍 카
ระวัง กระเป๋าเงิน ครับ(/ค่ะ)
지갑 조심하세요.

까루나-야- 쏭씨-앙 당 크랍 카
<u>กรุณาอย่า</u> ส่งเสียง ดัง ครับ(/ค่ะ)
큰 소리 내지 말아 주세요.

> 가루나아야는 아주 정중하게 '하지 말아 달라'고 부탁할 때 쓰는 표현입니다.

쁘롣- 차이 크르-앙 탇빠이 크랍 카
โปรด ใช้ เครื่อง ถัดไป ครับ(/ค่ะ)
옆 기기를 사용해 주십시오.

 엿보기 단어

บัตรเข้าชม [받카-오촘] 입장권
ระวัง [라왕] 조심하다
กระเป๋าเงิน [끄라빠오응언] 지갑
กรุณาอย่า ~ [까루나-야-] ~지 말아 주세요
ส่งเสียง [쏭씨-앙] 소리를 내다

ดัง [당] (소리가) 크다
โปรด ~ [쁘롣-] ~해 주십시오
เครื่อง [크르-앙] 기기
ถัดไป [탇빠이] 다음의

빈 칸에 다양한 어휘를 넣어 보세요.

1 _____ (해)야 하나요?

ต้อง [_____] ไหม ครับ(/คะ)

⌐→ มี พาสปอร์ต [미-파-쓰뽀-] 여권이 있다
    จอง ไว้ [쩡-와이] 예약해 두다
    จ่าย ค่ามัดจำ [짜-이 카-맏짬] 보증금을 내다

2 _____ 조심하세요.

ระวัง [_____] ครับ(/ค่ะ)

⌐→ น้ำ ร้อน [남 런-] 뜨거운 물
    ทาง ลื่น [탕- 른-] 미끄러운 길
    หมา [마-] 개

3 _____ 지 말아 주세요.

กรุณาอย่า [_____] ครับ(/ค่ะ)

⌐→ เข้าไป [카오빠이] 들어 가다
    ให้ อาหาร [하이 아-한-] 음식을 주다
    วิ่ง ใน วัด [윙 나이 왇] 사원 안에서 뛰다

질문과 답변은 어떤 것들이 있을까요?

떵– 쓰– 받카–오촘 마이 크랍 카
ต้อง ซื้อ บัตรเข้าชม ไหม ครับ(/คะ)

입장권을 사야 하나요?

떵– 쓰– 크랍 카
➡ **ต้อง ซื้อ ครับ(/ค่ะ)**

사야 해요.

마이 떵– 크랍 카
➡ **ไม่ ต้อง ครับ(/ค่ะ)**

안 사도 돼요.

까루나–야– 쏭씨–앙 당 크랍 카
กรุณาอย่า ส่งเสียง ดัง ครับ(/ค่ะ)

큰 소리 내지 말아 주세요.

크랍 카
➡ **ครับ(/ค่ะ)**

네.

커–톧– 크랍 카
➡ **ขอโทษ ครับ(/ค่ะ)**

죄송합니다.

태국의 관광지

태국은 77개의 지방행정단위(**จังหวัด**[짱왓])로 이루어져 있습니다. 크게는 북부, 북동부, 중부, 남부로 나뉩니다. 각 지역별 특색 있는 문화와 유명한 여행지들을 알아봅시다.

● 중부 : 방콕의 왓포 (กรุงเทพฯ : วัดโพธิ์)

방콕은 태국의 수도로, 교통이 발달되어 있으며 한국에서도 여러 차례 소개된 유명한 명소가 많습니다. 그중 하나인 '왓포'는 타이마사지의 발상지로 알려져 있으며, 마사지의 역사적 기록이 벽화로 남아 있어 많은 관광객이 전통 마사지를 체험하기 위해 방문합니다. 또한, 세계에서 가장 큰 와불상이 있어 인기 있는 사진 촬영 명소이기도 합니다.

● 북부 : 치앙마이의 왓우몽 (เชียงใหม่ : วัดอุโมงค์)

치앙마이는 태국 북부에서 가장 크고 번화한 도시로, 저렴한 물가와 여유로운 분위기가 매력적이며 '슬로 라이프(느리게 사는 삶)'를 즐기기에 좋은 곳으로 유명합니다. 대표 명소는 '도이수텝(ดอยสุเทพ)'이지만, 색다른 장소를 찾는다면 '왓우몽'을 추천합니다. 이 사원은 동굴 안에 위치해 있으며, 동굴을 지나면 큰 불탑이 나옵니다. 불탑을 돌며 소원을 빌면 소원이 이루어진다는 속설도 전해집니다.

● 서부 : 깐짜나부리의 에라완 폭포 (กาญจนบุรี : น้ำตกเอราวัณ)

깐짜나부리는 방콕에서 서쪽으로 약 2~3시간 정도 떨어져 있는 자연경관이 아름다운 지역입니다. 이곳에서 가장 유명한 명소는 '에라완 폭포'로, 총 7개의 층으로 이루어져 있습니다. 첫 번째와 두 번째 층은 수심이 얕지만, 숲속으로 깊이 들어갈수록 더 깊고 웅장한 폭포를 만날 수 있습니다. 자연의 아름다움과 평화로운 분위기를 즐길 수 있는 인기 여행지입니다.

● 남부 : 끄라비 (กระบี่)

태국 남부의 유명한 여행지로는 '푸껫(ภูเก็ต)'과 '끄라비'가 있습니다. 푸껫이 번화한 분위기를 자랑한다면, 끄라비는 한적하게 바다를 즐길 수 있는 곳입니다. 끄라비에서는 요트 투어로 주변 섬들을 탐험하거나 다양한 액티비티를 즐길 수 있어 휴양과 모험을 동시에 만끽할 수 있습니다.

● 동북부 : 우돈타니의 탈레부아댕 (อุดรธานี : ทะเลบัวแดง)

동북부는 '이싼 지역'이라고도 불립니다. 꼭 방문해야 할 명소 중 하나는 우돈타니에 위치한 '탈레부아댕'입니다. 붉게 피어난 연꽃 사이를 배를 타고 둘러볼 수 있는 아름다운 장소로, 특히 오전에 방문하면 만개한 연꽃을 감상할 수 있습니다. 평화로운 자연 풍경을 만끽할 수 있어 많은 관광객에게 인기 있는 여행지입니다.

병원/약국 이용하기

🎧 02-41

여행 중에는 갑자기 아플 때가 있을 수 있습니다. 약국에서 특정 증상의 약을 찾을 때 쓸 수 있는 표현으로 '**มี ~ ไหม**(~ 있나요?)'가 있습니다. 긴급 상황 시 필요한 필수 표현들을 익혀보세요.

 핵심 표현

미- 야-깨-뿌-앋 마이 크랍 카

มี ยาแก้ปวด ไหม ครับ(/คะ)

진통제 있나요?

단어를 바꿔서 표현해 보세요.

▫ **ยาแก้ไอ** [야-깨-아이] 기침약

▫ **ยาแก้ท้องเสีย** [야-깨-텅-씨-아] 설사약 (지사제)

▫ **ยาแก้เมารถ** [야-깨-마오롣] 멀미약

▫ **ยาช่วยย่อย** [야-추-아이여-이] 소화제

단어

ยา [야-] 약

แก้ [깨-] 고치다

ปวด [뿌-앋] 아프다
(신체 내부, 근육 통증)

ยาแก้ปวด [야-깨-뿌-앋]
진통제

 Tip

● **เจ็บ**와 **ปวด**

เจ็บ와 **ปวด**은 모두 '아프다'의 뜻이지만, 쓰임에 의미적 차이가 있습니다.

(1) **เจ็บ** : 특정 부위가 분명하게 아플 때나 외부 요인으로 인해 아플 때 사용합니다.

(2) **ปวด** : 막연하게 어디가 아픈 느낌이 들 때나 속이 아플 때 사용합니다.

เจ็บเข่า [쩹카오] (넘어져서) 무릎이 아파요. → 외부 요인에 의한 아픔

ปวดท้อง [뿌-앋텅-] 배가 아파요. → 뱃속의 아픔

위⁻안후^ˇ아 크랍 카^ˆ
เวียนหัว ครับ(/ค่ะ)
어지러워요.

떵⁻ 탄⁻ 야⁻ 랑아⁻한⁻ 마이 크랍 카^ˆ
ต้อง ทาน ยา หลังอาหาร ไหม ครับ(/คะ)
식후에 약을 먹어야 하나요? (직역: 제가 식후에 약을 드셔야 하나요?)

> ทาน은 격식체로 자신에게 사용하기도 합니다. 태국어에서는 자연스러운 표현입니다.

폼 디찬^ˇ 패⁻ 아⁻한⁻타레⁻ 크랍 카^ˇ
ผม(/ดิฉัน) แพ้ อาหารทะเล ครับ(/ค่ะ)
저는 해산물 알레르기가 있어요.

쏭싸^ˇ이 짜 뻰왇^ˇ 크랍 카^ˆ
สงสัย จะ เป็นหวัด ครับ(/ค่ะ)
감기인 것 같아요. (직역: 감기가 의심됩니다.)

 **엿보기 단어**

เวียนหัว [위⁻안후^ˇ아] 어지럽다
ทาน [탄⁻] 드시다
หลังอาหาร [랑아⁻한⁻] 식후
แพ้ [패⁻] 알레르기 증상이 있다

อาหารทะเล [아⁻한⁻타레⁻] 해산물
สงสัย [쏭싸^ˇ이] 의심하다, 궁금하다
เป็นหวัด [뻰왇^ˇ] 감기

빈 칸에 다양한 어휘를 넣어 보세요.

1 _____ 약을 먹어야 하나요?

ต้อง ทาน ยา [   ] ไหม ครับ(/คะ)

┈┈→ ก่อนอาหาร [껀-아-한-] 식전에

ตอน ท้อง ว่าง [떤- 텅- 왕-] 공복에

2 저는 _____ 알레르기가 있어요.

ผม(/ดิฉัน) แพ้ [   ] ครับ(/ค่ะ)

┈┈→ ยา [야-] 약

นม [놈] 우유

ถั่ว [투-아] 견과류

3 _____ (인) 것 같아요.

สงสัย จะ [   ] ครับ(/ค่ะ)

┈┈→ มี ไข้ [미-카이] 열이 있다

อาหารเป็นพิษ [아-한-뻰핃] 식중독

อาหารไม่ย่อย [아-한-마이여-이] 소화불량

질문과 답변은 어떤 것들이 있을까요?

떵ˆ 탄ˋ 야ˋ 껀ˋ-아ˋ-한ˋ- 르ˇ- 랑ˋ아ˋ-한ˋ- 크랍ˇ 카ˇ
ต้อง ทาน ยา ก่อนอาหาร หรือ หลังอาหาร ครับ(/คะ)

식후에 약을 먹어야 하나요 아니면 식전에 먹어야 하나요?

껀ˋ-아ˋ-한ˋ- 크랍ˇ 카ˋ
➡ ก่อนอาหาร ครับ(/ค่ะ)   식전이요.

다ˆ이 몯ˋ 르ꓱˋ-이 크랍ˇ 카ˋ
➡ ได้ หมด เลย ครับ(/ค่ะ)   다 가능합니다.

남묵ˆ- 라ˇ이 래ˋ 아이 두ˆ-아이 크랍ˇ 카ˋ
น้ำมูก ไหล และ ไอ ด้วย ครับ(/ค่ะ)

콧물이 나고 기침도 해요.

쏭싸이ˇ 짜ˋ 삔왇ˋ 크랍ˇ 카ˋ
➡ สงสัย จะ เป็นหวัด ครับ(/ค่ะ)   감기인 것 같아요.

미ˋ- 카ˆ이 두ˆ-아이 마ˇ이 크랍ˇ 카ˋ
➡ มี ไข้ ด้วย ไหม ครับ(/คะ)   열도 있나요?

위급상황 표현하기

🎧 02-43

여행 중 사건과 사고는 예상치 못한 상황에서 발생할 수 있습니다. 피해를 입거나 어떤 일이 일어났을 때는 「**ถูก**＋동사」 구조를 활용해 도움을 요청할 수 있습니다. 빠르게 주변 사람이나 경찰에게 도움을 요청하는 것이 중요하므로 여행 중 발생할 수 있는 위급 상황 대처 표현들을 익혀보세요.

툭ー 카모ー이 끄라빠ㅓ오 크랍 카

ถูก ขโมย กระเป๋า ครับ(/ค่ะ)

가방을 도난당했어요.

단어를 바꿔서 표현해 보세요.

▫ **กระเป๋าเงิน** [끄라빠ㅓ오응언] 지갑

▫ **มือถือ** [므ー트ー] 핸드폰

▫ **เงินสด** [응언쏱] 현금

단어

ถูก [툭ー] ~당하다
ขโมย [카모ー이] 훔치다

Tip

● **ถูก**의 활용법

구체적으로 누구에게 도난당했는지 말하고 싶을 때는 **ถูก** 뒤에 대상을 씁니다.

폼 디찬 툭ー 쪈ー 카모ー이 끄라빠ㅓ오 크랍 카

ผม(/ดิฉัน) ถูก โจร ขโมย กระเป๋า ครับ(/ค่ะ)

저는 도둑에게 가방을 도난당했어요.

꺼ㅓ드- 우받띠헨- 큰 크랍 카

เกิด อุบัติเหตุ ขึ้น ครับ(/ค่ะ)

사고가 발생했어요!

* ติ[띠] 또는 ตุ[뚜]는 받침 'ㄷ'으로 소리 납니다.

롱탕- 크랍 카

หลงทาง ครับ(/ค่ะ)

길을 잃었어요.

추-아이 토- 리-악 땀루-앋 하이너-이 크랍 카

ช่วย โทร เรียก ตำรวจ ให้หน่อย ครับ(/ค่ะ)

(통화로) 경찰 좀 불러 주세요.

* โทร에서 ร는 묵음입니다.

탐 파-쓰뻗- 하-이 크랍 카

ทำ พาสปอร์ต หาย ครับ(/ค่ะ)

여권을 잃어버렸어요.

[파-싸뻗-]이라고 발음하기도 하지만, 최근에는 주로 영어식 발음에 가까운 [파-쓰뻗-]으로 발음합니다.

 **엿보기 단어**

เกิด ~ ขึ้น [꺼ㅓ드- 큰] ~가 발생하다/일어나다
อุบัติเหตุ [우받띠헨-] 사고
หลงทาง [롱탕-] 길을 잃다
โทร [토-] 통화하다

เรียก [리-악] 부르다
ตำรวจ [땀루-앋] 경찰
ทำ ~ หาย [탐 하-이] ~를 잃어버리다

1 _____ 가 발생했어요!

เกิด ▨▨▨▨▨▨ **ขึ้น ครับ(/ค่ะ)**

     ⌐▸ **ไฟไหม้** [파이(f)마이] 화재

       ปัญหา [빤하–] 문제

       อุบัติเหตุ รถชน [우받띠헫– 롣촌] 교통사고

2 (통화로) _____ 좀 불러 주세요.

ช่วย โทร เรียก ▨▨▨▨▨▨ **ให้หน่อย ครับ(/ค่ะ)**

     ⌐▸ **ล่าม** [람–] 통역사

       รถพยาบาล [롣파야–반–] 구급차

3 _____ (을/를) 잃어버렸어요.

ทำ ▨▨▨▨▨▨ **หาย ครับ(/ค่ะ)**

     ⌐▸ **กล้องถ่ายรูป** [끌렁–타–이룹] 카메라

       เงินสด [응언쏟] 현금

       กุญแจ [꾼째–] 열쇠

질문과 답변은 어떤 것들이 있을까요?

툭― 카모―이 끄라빠오 크랍 카
ถูก ขโมย กระเป๋า ครับ(/ค่ะ)
가방을 도난당했어요.

툭― 카모―이 티―나이 크랍 카
➡ **ถูก ขโมย ที่ไหน ครับ(/คะ)**　　어디서 도난당했나요?

짬 씨― 르― 이―허― 컹― 끄라빠오 다이마이 크랍 카
➡ **จำ สี หรือ ยี่ห้อ ของ กระเป๋า ได้ไหม ครับ(/คะ)**

가방의 색깔이나 브랜드를 기억하세요?

끄ㅓ드― 우받띠헫― 큰 크랍 카
เกิด อุบัติเหตุ ขึ้น ครับ(/ค่ะ)
사고가 발생했어요!

끄ㅓ드― 우받띠헫― 큰 티―나이 크랍 카
➡ **เกิด อุบัติเหตุ ขึ้น ที่ไหน ครับ(/คะ)**　사고가 어디에서 발생했나요?

폼 디찬 짜 립― 빠이 티―난 탄티― 크랍 카
➡ **ผม(/ดิฉัน) จะ รีบ ไป ที่นั่น ทันที ครับ(/ค่ะ)**

바로 거기로 가겠습니다.

신체 어휘

신체와 관련된 어휘는 일상 대화에서 자주 사용됩니다. 여행 중 아프거나 다쳤을 때, 신체 부위를 빠르게 표현할 수 있다면 응급 치료를 신속하게 받을 수 있습니다. 다양한 신체 어휘를 익혀보세요.

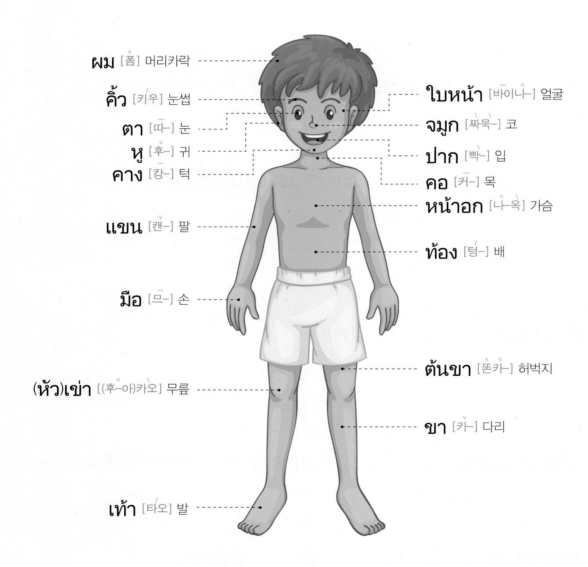

ผม [폼] 머리카락

คิ้ว [키우] 눈썹

ตา [따-] 눈

หู [후-] 귀

คาง [캉-] 턱

แขน [캔-] 팔

มือ [므-] 손

(หัว)เข่า [(후-아)카오] 무릎

เท้า [타오] 발

ใบหน้า [바이나-] 얼굴

จมูก [짜묵-] 코

ปาก [빡-] 입

คอ [커-] 목

หน้าอก [나-옥] 가슴

ท้อง [텅-] 배

ต้นขา [똔카-] 허벅지

ขา [카-] 다리

태국의 비상 연락처

긴급 상황에서는 주변 사람들에게 도움을 요청할 수 있지만, 경찰이나 구급차를 직접 불러야 하는 경우도 있습니다. 상황별 비상 연락처를 알아봅시다.

전화번호	상황
191	사건 발생 시
1155	관광 관련 문제 발생 시
199	화재 발생 시
1554	구급차 또는 긴급 구조 요청 시

주태국 대한민국 대사관	
+66-2-481-6000	근무시간 이내
+66-81-914-5803	근무시간 외 : 사건사고 등 긴급상황 발생 시

긴급하거나 도움이 필요한 상황에서 사용할 수 있는 가장 중요하고 효과적인 표현은 '살려주세요!, 도와주세요!'입니다. 가장 간결하게 도움을 요청할 수 있는 표현이므로 꼭 기억하세요.

추-아이두-아이

ช่วยด้วย 살려주세요! = 도와주세요!

공항 1 (체크인)

🎧 02-45

공항에서는 영어로도 자유로운 의사소통이 가능하지만, 태국어를 사용할 수도 있으므로 간단한 의사소통과 원활한 수속 진행을 위해 기본적인 표현들을 익혀보세요.

핵심 표현

아오 쌈파-라 바이 니- 큰크르-앙 다이마이 크랍 카
เอา สัมภาระ ใบ นี้ ขึ้นเครื่อง ได้ไหม ครับ(/คะ)

이 짐을 가지고 탑승할 수 있나요?

단어를 바꿔서 표현해 보세요.

▫ **แล็ปท็อป** [랩텁] 노트북

▫ **พาวเวอร์แบงค์** [파-우워-뱅-] 보조배터리

▫ **กระเป๋า ใบ นี้** [끄라빠오 바이 니-] 이 가방

단어

สัมภาระ [쌈파-라] 짐, 수화물
ขึ้นเครื่อง [큰크르-앙] 탑승하다

Tip 태국 법에 따라 전자담배는 소지 및 반입이 전면 금지되어 있어 기내 반입 시 문제가 될 수 있으므로, 휴대하지 않는 것이 좋습니다. 공항뿐만 아니라 태국 내 어디에서도 허용되지 않으므로 주의하세요.

커ᐧ 티-낭 림나-땅- 크랍 카ᐧ
ขอ ที่นั่ง ริมหน้าต่าง ครับ(/ค่ะ)

창가 자리 주세요.

마ᐧ 두-아이깐 크랍 카ᐧ
มา ด้วยกัน ครับ(/ค่ะ)

일행입니다. (직역: 함께 왔습니다.)

마이쌉-와- 카오뜨ᐧ- 싸-이깐-빈타이 유- 티-나이 크랍 카ᐧ
ไม่ทราบว่า, เคาน์เตอร์ สายการบินไทย อยู่ ที่ไหน ครับ(/คะ)

혹시, 타이 항공 카운터는 어디 있을까요?

싸-맏- 르-악 티-낭 다이마이 크랍 카ᐧ
สามารถ เลือก ที่นั่ง ได้ไหม ครับ(/คะ)

좌석을 고를 수 있나요?

＊ สามารถ에서 ร는 묵음입니다.

 엿보기 단어

ด้วยกัน [두-아이깐] 함께
ไม่ทราบว่า [마이쌉-와-] 혹시
เคาน์เตอร์ [카오뜨ᐧ-] 카운터

สายการบิน [싸-이깐-빈] 항공사
สามารถ ~ ได้ [싸-맏- 다이] ~수 있다
เลือก [르-악] 고르다, 선택하다

1 _____ 자리 주세요.

ขอ ที่นั่ง _____ ครับ(/ค่ะ)

↳ **ริมทางเดิน** [림탕-드ㅓㄴ-] 복도 쪽
ติดกัน [띧깐] 붙어 있는
แถวหน้า [태-우나-] 앞 쪽

2 혹시, _____ (은/는) 어디 있을까요?

ไม่ทราบว่า, _____ อยู่ ที่ไหน ครับ(/คะ)

↳ **เที่ยวบิน KE456** [티-아우빈 케-이-씨-하-혹] KE456 항공편
ประตู 10 [쁘라뚜- 씹] 10번 게이트
เขตปลอดภาษี [켇- 쁘럳- 파-씨-] 면세 구역

3 _____ (할) 수 있나요?

สามารถ _____ ได้ไหม ครับ(/คะ)

↳ **เพิ่ม น้ำหนัก กระเป๋า** [프ㅓㅁ- 남낙 끄라빠오] 가방의 무게를 추가하다
เช็กอิน ตอนนี้ [첵인 떤-니-] 지금 체크인하다
โหลด กระเป๋า น้ำหนัก 30 กิโล [론- 끄라빠오 남낙 쌈-씹 낄로-]
30kg짜리 가방을 부치다

질문과 답변은 어떤 것들이 있을까요?

มา̄ 두-아이깐 르̂-쁘라오 크랍 카̆

มา ด้วยกัน หรือเปล่า ครับ(/คะ)

일행이십니까? (직역: 함께 오셨습니까?)

마̄ 두-아이깐 크랍 카̆

➡ **มา ด้วยกัน ครับ(/ค่ะ)**
일행입니다. (직역: 함께 왔습니다.)

쁘라오 크랍 카̆ 마이다이 마̄ 두-아이깐 크랍 카̆

➡ **เปล่า ครับ(/ค่ะ). ไม่ได้ มา ด้วยกัน ครับ(/ค่ะ)**

아니요. 일행 아닙니다. (직역: 함께 오지 않았습니다.)

마이쌉-와̄- 카오뜨̀ㅓ- 싸̄-이깐-빈타이 유- 티̂-나이 크랍 카̆

ไม่ทราบว่า, เคาน์เตอร์ สายการบินไทย อยู่ ที่ไหน ครับ(/คะ)

혹시, 타이 항공 카운터는 어디 있을까요?

유- 나̂ 쁘라뚜- 탕-카̂오 에̄- 크랍 카̆

➡ **อยู่ หน้า ประตู ทางเข้า A ครับ(/ค่ะ)** A 입구 앞에 있습니다.

유- 뜨롱 쏜- 씨- 크랍 카̆

➡ **อยู่ ตรงโซน C ครับ(/ค่ะ)** C 구역에 있습니다.

Unit 24

공항 2 (기내에서)

🎧 02-47

기내에서는 승무원에게 필요한 것을 요청하거나 질문을 해야 할 때가 있습니다. 필요한 물품이나 서비스를 요청할 때는 정중하게 말하는 것이 예의입니다. 기내에서 사용할 수 있는 다양한 표현들을 익혀보세요.

★★★★★
핵심 표현

떵̂-깐- 야̆-깨̂-뿌-앋̀ 크랍 카̂

ต้องการ ยาแก้ปวด ครับ(/ค่ะ)

진통제가 필요해요.

단어를 바꿔서 표현해 보세요.

▫ **หมอน** [먼̌-] 베개

▫ **หูฟัง** [후̌-팡(f)] 이어폰

▫ **ผ้าห่ม** [파̂-홈̀] 담요

단어

ต้องการ [떵̂-깐-] 필요로 하다

응용 표현 익히기 🎧 02-48

^{마이쌉-와-} ^삗 ^{만-} ^{다이마이} ^{크랍} ^카
ไม่ทราบว่า, ปิด ม่าน ได้ไหม ครับ(/คะ)

혹시, 커튼을 쳐도 되나요?

---

^{크르-앙} ^짜 ^{억-} ^{므-아라이} ^{크랍} ^카
เครื่อง จะ ออก เมื่อไร ครับ(/คะ)

비행기가 언제 출발하나요?

---

^짜 ^{라-차-} ^{난-} ^{캐-나이} ^{크랍} ^카
จะ ล่าช้า นาน แค่ไหน ครับ(/คะ)

얼마나 지연되나요?

---

^{티-낭} ^{컹-} ^폼 ^{디찬} ^{유-} ^{티-나이} ^{크랍} ^카
ที่นั่ง ของ ผม(/ดิฉัน) อยู่ ที่ไหน ครับ(/คะ)

제 자리는 어디인가요?

 엿보기 단어

ม่าน [만-] 커튼
เครื่อง(บิน) [크르-앙(빈)] 비행기
ออก [억-] 출발하다

เมื่อไร [므-아라이] 언제
ล่าช้า [라-차-] 지연되다
แค่ไหน [캐-나이] 얼마나

빈 칸에 다양한 어휘를 넣어 보세요.

1 혹시, _____ 도 되나요?

ไม่ทราบว่า, _____ ได้ไหม ครับ(/คะ)

⌐⋯➤ **เปิด ที่เก็บของ** [쁘ㅓㄷ-티-껩컹-] 선반을 열다
　　　ลุกขึ้น [룩큰] 일어나다
　　　ไป เข้า ห้องน้ำ [빠이 카오 헝-남] 화장실에 가다
　　　ขอ ยืม ปากกา [커- 음- 빡-까] 볼펜을 빌리다
　　　เปลี่ยน ที่นั่ง [쁠리-얀 티-낭] 자리를 바꾸다

2 언제 _____ (하)나요?

_____ เมื่อไร ครับ(/คะ)

⌐⋯➤ **การเช็คอิน จะ ปิด** [깐-첵인 짜 삗] 체크인 마감
　　　ประตู ขึ้นเครื่อง จะ เปิด [쁘라뚜- 큰크르-앙 짜 쁘ㅓㄷ-] 탑승구가 열리다
　　　เครื่องออก [크르-앙억-] 이륙하다
　　　เสิร์ฟ อาหาร [쓰ㅓㅂ-아-한-] 식사를 제공하다
　　　ถึง จุดหมาย [틍 쭏마-이] 목적지에 도착하다

질문과 답변은 어떤 것들이 있을까요?

짜 라-차- 난- 캐-나이 크랍 카
จะ ล่าช้า นาน แค่ไหน ครับ(/คะ)
얼마나 지연되나요?

짜 라-차- 쁘라만 쌈-씹 나-티- 크랍 카
➡ **จะ ล่าช้า ประมาณ 30 นาที ครับ(/ค่ะ)** 30분 정도 지연될 예정입니다.

콩 짜 마이 난- 크랍 카
➡ **คง จะ ไม่ นาน ครับ(/ค่ะ)** 오래 지연되지 않을 것 같습니다.

티-낭 컹- 폼 디찬 유- 티-나이 크랍 카
ที่นั่ง ของ ผม(/ดิฉัน) อยู่ ที่ไหน ครับ(/คะ)
제 자리는 어디인가요?

티-낭 컹- 쿤룩-카- 유- 티-니- 크랍 카
➡ **ที่นั่ง ของ คุณลูกค้า อยู่ ที่นี่ ครับ(/ค่ะ)** 손님 자리는 여기에 있습니다.

티-낭 컹- 쿤룩-카- 유- 태-우 씹썽- 크랍 카
➡ **ที่นั่ง ของ คุณลูกค้า อยู่ แถว 12 ครับ(/ค่ะ)**

손님 자리는 12번 줄에 있습니다.